a língua falada no ensino de português

COLEÇÃO
CAMINHOS DA LINGUÍSTICA

a língua falada no ensino de português

ataliba t. de castilho

Copyright © 2004 Ataliba T. de Castilho

Todos os direitos desta edição reservados à
Editora Contexto (Editora Pinsky Ltda.)

Projeto gráfico e diagramação
ABBA Produção Editorial Ltda.

Projeto de capa
Jaime Pinsky

Capa
Binho's Fotolito

Dados Internacionais de Catalogação na Publicação (CIP)
(Câmara Brasileira do Livro, SP, Brasil)

Castilho, Ataliba Teixeira de
A língua falada no ensino de português / Ataliba T. de Castilho. –
8. ed. – São Paulo : Contexto, 2023.

Bibliografia
ISBN 978-85-7244-095-0

1. Comunicação oral 2. Fala 3. Linguagem e línguas –
Estudo e ensino 4. Português – Estudo e ensino
5. Sociolinguística I. Título

98-1296   CDD-469.1

Índice para catálogo sistemático:
1. Linguagem falada : Português : Linguística   469.1

2023

EDITORA CONTEXTO
Diretor editorial: *Jaime Pinsky*

Rua Dr. José Elias, 520 – Alto da Lapa
05083-030 – São Paulo – SP
PABX: (11) 3832 5838
contato@editoracontexto.com.br
www.editoracontexto.com.br

Proibida a reprodução total ou parcial.
Os infratores serão processados na forma da lei.

*Para Dino Preti, Luiz Antonio Marcuschi
e Mílton do Nascimento,
companheiros nesta jornada.*

SUMÁRIO

Introdução, 9
    1. A crise do ensino
        1.1 - A crise social
        1.2 - A crise científica
        1.3 - A crise do magistério
    2. Primeira abordagem da língua falada
        2.1 - Teoria modular da língua
        2.2 - Características gerais da língua falada
    3. Proposta de incorporação da língua falada nas aulas
        de gramática

Cap. I - A Conversação, 27
    0. Introdução
    1. A transcrição conversacional
    2. Os turnos conversacionais e o princípio de projeção interacional
        2.1 - Manutenção do turno
        2.2 - Passagem do turno
    3. O Sistema de correção
        3.1 - Correção pragmática
        3.2 - Correção textual
    4. Os Pares adjacentes
    5. Os Marcadores conversacionais
        5.1 - Classes que atuam como MCs
        5.2 - Distribuição dos Mcs
        5.3 - Funções dos Mcs

Cap. II - O Texto, 53
    0. Introdução
        0.1 - Processos constitutivos do texto
        0.2 - A transcrição textual.
    1. Construção do texto por ativação
        1.1 - A Unidade discursiva
        1.2 - A Hierarquia tópica
        1.3 - Os Conectivos textuais

2. Construção do texto por reativação
   2.1 - A Repetição
   2.2 - A Paráfrase
3. Construção do texto por desativação
   3.1 - A Digressão
   3.2 - Os Parênteses

Cap. III - A Sentença, 85
   0. Introdução
      0.1 - A sentença na língua falada
      0.2 - A transcrição gramatical
   1. Construção sentencial por ativação
      1.1 - A escolha do verbo
      1.2 - A estrutura argumental da sentença
         1.2.1 - O Sujeito
         1.2.2 - O Objeto Direto
         1.2.3 - Mais sobre o processamento do tema e do
              rema sentenciais
      1.3 - A adjunção
   2. Construção sentencial por reativação
      2.1 - Que itens lexicais podem ser repetidos?
      2.2 - Quais são os tipos de repetição?
      2.3 - Qual é o papel da repetição na construção do sintagma?
      2.4 - Qual é o papel da repetição na construção da sentença?
      2.5 - Há relações entre a repetição e a construção
           da sentença por desativação?
   3. Construção sentencial por desativação
      3.1 - Desativação do núcleo do predicado
      3.2 - Desativação do argumento externo
      3.3 - Desativação dos argumentos internos
   4. Ligações sentenciais e gramaticalização das conjunções
      4.1 - Coordenação
      4.2 - Subordinação
      4.3 - Correlação

Conclusões, 145

Bibliografia, 149

INTRODUÇÃO

Nesta Introdução, trato da crise atual do ensino de Língua Portuguesa no primeiro e segundo graus, traço algumas características da língua falada, e apresento uma proposta de renovação do ensino da gramática a partir de uma reflexão sobre a língua falada.

1. A Crise do ensino

Em seu dia a dia, o professor de Língua Portuguesa se defronta com três crises distintas, cuja discussão é de fundamental importância para a busca de soluções: a crise social, a crise científica e a crise do magistério.

1.1 - A crise social

A primeira crise diz respeito às mudanças da sociedade brasileira, sobretudo no que toca ao seu rápido processo de urbanização e seus reflexos no ensino formal.

Como bem assinala Bortoni-Ricardo (1985), o atual processo de urbanização pelo qual passa o país é um fenômeno tardio, se comparado com o que ocorreu na Europa. Naquele continente, a urbanização ocorreu entre os séculos XVI e XVIII, sendo que em alguns países já havia principiado na Idade Média. Os europeus buscaram as soluções pedagógicas para os problemas suscitados pelas migrações para as cidades, um fenômeno que somente agora afeta o Brasil e outros países latino-americanos. Apenas por isto já se pode concluir como é ilusório buscar nos sistemas de ensino europeus as soluções para os nossos problemas.

Alguns números mostram a intensidade do processo de urbanização do Brasil. Lê-se em Love (1982) que em 1872 a cidade de São Paulo contava com escassos 31.000 habitantes, e não podia rivalizar com as capitais do Nordeste. Em 1970, a Grande São Paulo *"ocupava o oitavo lugar entre as maiores áreas metropolitanas do mundo, com 6.000.000 de habitantes na capital propriamente dita, e 8.000.000 no total"* (p. 17). Nesse mesmo ano, 80% da população brasileira era considerada urbana, cifra que certamente se acentuou na década atual. Ora, ainda em 1920, dois terços da população economicamente ativa concentravam-se na zona rural. Essa virada ocorreu no país todo, e implicou numa mudança de valores. Deixou-se de discriminar a vida urbana e de exaltar a vida no campo, as famílias passaram a ter residência permanente nas cidades, constituindo-se um novo "sentimento de comunidade".

Até que ponto o falar rural permeou o falar urbano? Qual é efetivamente o dinamismo do português urbano em face da linguagem trazida pelos migrantes rurais? Num primeiro trabalho nessa área promissora, Bortoni-Ricardo (1985: 247) concluiu que os falantes rurais quando expostos às pressões do padrão urbano tendem a adquirir as terminações verbais mais diferenciadas e a expressar a concordância na forma redundante própria a essa modalidade. Lemle-Naro (1977) mostraram que há uma correlação entre a presença da concordância e um distanciamento morfológico maior entre a forma verbal do singular do plural (como entre *é* e *são*, por exemplo) e a ausência da concordância quando essas formas são morfologicamente aproximadas, como entre *fala* e *falam*). Rodrigues (1987) mostrou que os falantes do "português popular" de São Paulo aplicam as mesmas regras de concordância verbal. Nas demais situações, essa regra tem probabilidade menor de ser aplicada. Scherre (1988) desvendou as sofisticadas regras de concordância nominal em falantes não cultos.

De toda forma, é um fato inelutável que a incorporação de contingentes rurais alterou o perfil sociocultural do alunado de 1° e 2° graus. Nossas escolas deixaram de abrigar exclusivamente os alunos da classe média urbana – para os quais sempre foram preparados os materiais didáticos – e passaram a incorporar filhos de pais iletrados, mal chegados às cidades e a elas mal adaptados.

1.2 - A crise científica

Mas há também em marcha uma crise científica que afeta os estudos linguísticos, com consequências no ensino. Para bem entendê-la, será necessário recordar as teorias sobre a linguagem e seus correlatos na teoria gramatical.

Como se sabe, a linguagem é um "objeto escondido", assim como o objeto da Psicologia, da Sociologia, e de outras Ciências Humanas. Para elaborar sobre ele, temos de partir de pontos de vista (expressão que traduz a palavra grega theoría), de postulações prévias, que constituirão a linguagem como um objeto cientificamente analisável. Simplificando um pouco as coisas, pode-se dizer que há três grandes modelos teóricos de interpretação da linguagem humana: a língua como atividade mental, a língua como uma estrutura, e a língua como atividade social.

De acordo com a primeira teoria, a língua é uma capacidade inata do homem, que lhe permite reconhecer as sentenças, atribuindo-lhes uma interpretação semântica, ou produzir um número infinito de sentenças, atribuindo-lhes uma representação fonológica. Em consequência, uma gramática que assim entenda a linguagem será uma gramática implícita (ou gramática da competência), interessada em explicar como as pessoas adquirem uma língua, como elas produzem e interpretam as sentenças dessa língua, e como elas percebem que o interlocutor fala a sua ou outra língua. Esses postulados buscam, em última instância, a Gramática Universal, subjacente às milhares de línguas naturais.

A teoria da língua como estrutura postula que as diferentes línguas naturais dispõem de um sistema composto por signos, distintos entre si por contrastes e por oposições, organizados em níveis hierarquicamente dispostos: o nível fonológico, o nível gramatical (ou morfossintático) e, em alguns modelos, também o nível discursivo. As gramáticas estruturais buscam identificar as regularidades constantes das cadeias da fala, são basicamente descritivas, e operam através da contextualização da língua em si mesma.

Finalmente, a terceira teoria considera a língua como uma atividade social, por meio da qual veiculamos as informações, externamos nossos sentimentos e agimos sobre o outro. Assim concebida, a língua é um conjunto de usos concretos, historicamente situados, que envolvem sempre um locutor e um interlocutor, localizados num espaço particular, interagindo a propósito de um tópico conversacional previamente negociado. Uma gramática que assim entenda a língua (como é o caso da Gramática Funcional) procura os pontos de contacto entre as estruturas identificadas pelo modelo anterior e as situações sociais em que elas emergem, contextualizando a língua no meio social.

Tomadas em seu conjunto, as duas primeiras teorias postulam a língua como um fenômeno homogêneo, como um produto que deve ser examinado independentemente de suas condições de produção. Em suma, elas se ocupam de enunciados, para cuja apreensão a Sintaxe assume uma grande autonomia em relação à Semântica e à Pragmática. Já a terceira teoria postula a língua como um fenômeno funcionalmente heterogêneo, representável por meio de regras variáveis, socialmente motivadas. A língua é, em suma, uma enunciação, um elenco de processos, para cuja apreensão a Semântica e a Pragmática se constituem em pontos de partida, sendo a Sintaxe um ponto de chegada.

A Linguística tem oscilado entre esses dois polos, ora destacando a língua como um enunciado – valorizando-se as gramáticas formais, estruturais, gerativas –, ora destacando a língua como uma enunciação – valorizando-se as gramáticas funcionais. Os professores que têm hoje trinta ou mais anos de idade aprenderam, na Universidade, a considerar a língua como um fenômeno homogêneo, iniciando-se numa gramática formal (sobretudo estrutural), e tomando a sentença como seu território máximo de atuação.

Ora, a indagação linguística atual parte de um entendimento mais rico da linguagem, postulada como um conjunto de usos, cujas condições de produção não podem ser esquecidas no momento em que se analisa seu produto. Disto resultou a constituição de uma nova área de estudos, a Pragmática, que tem examinado temas tais como os atos de fala, a competência comunicativa conversacional, as pressuposições e as inferências que cercam um ato de fala, a linguagem como ação e como argumentação, etc. Um elenco de novas disciplinas veio somar-se à Fonologia, à Morfologia e à Sintaxe, já conhecidas: a Sociolinguística, a Psicolinguística, a Análise da Conversação, a Semântica Argumentativa, a Análise do Discurso, a Linguística do Texto.

Nos embates entre uma Linguística do Enunciado e uma Linguística da Enunciação reside, justamente, a terceira crise do ensino. E é que os professores em exercício precisarão capacitar-se dos novos temas, visto que eles permitem encarar mais adequadamente os problemas linguísticos suscitados por uma sociedade em mudança. Como se verá adiante, não estou propondo que se abandone uma "moda linguística" por outra, só por ser a mais recente. O que proponho é que se comece por uma observação mais intuitiva da língua como enunciação, para em seguida desembocar numa observação mais "técnica" da língua como um enunciado, enriquecendo-se assim a percepção do fenômeno linguístico.

1.3 - *A crise do magistério*

A terceira crise é a do magistério. Ela soma aos dois problemas anteriores o da desvalorização de nossa profissão. As mudanças sociais do país e o atual momento de transição de um paradigma científico para outro colocaram os professores de Língua Portuguesa numa situação muito desconfortável com respeito a "o que ensinar", "como ensinar", "para quem ensinar" e, até mesmo, "para quê ensinar".

A isto se somam as deficiências de formação do magistério. Mais de 80% dos professores da rede pública do Estado de São Paulo – para tomar um exemplo – foram formados por faculdades isoladas, mantidas por entidades privadas. Esses professores receberam ali uma formação conservadora, válida, talvez, para tempos que já passaram. Ao se integrarem no mercado de trabalho, receberão salários bem inferiores àqueles vigentes nos anos 60, no mesmo sistema público de ensino, quando um professor paulista ganhava 2/3 do salário de um professor universitário, proporção hoje reduzida a 1/5. Com isso, mais mulheres entraram para a carreira, pois o trabalho das mulheres continua em nossa sociedade a ser incorretamente considerado como um bico.

Finalmente, os materiais didáticos disponíveis são repetitivos, e pressupõem uma homogeneidade entre os alunos que não existe mais. A tarefa da atual geração de educadores é muito pesada: reciclar-se, reagir contra o círculo de incompetência e de acriticismo que se fechou à volta do ensino brasileiro, e lutar pela valorização da carreira. Vejamos em que medida os estudos sobre a língua falada – que são uma das consequências do desenvolvimento da Pragmática – poderão nos ajudar no aparelhamento científico do professor.

A comunidade de pais e alunos, os sistemas educacionais e a universidade têm muito o que fazer aqui. Pensando nas pesquisas universitárias, constata-se que elas têm atacado uma série de convicções fortemente arraigadas entre professores e autoridades do ensino. No caso particular da Língua Portuguesa, não se acredita mais que a função da escola deva concentrar-se apenas no ensino da língua escrita, a pretexto de que o aluno já aprendeu a língua falada em casa. Ora, se essa disciplina se concentrasse mais na reflexão sobre a língua que falamos, deixando de lado a reprodução de esquemas classificatórios, logo se descobriria a importância da língua falada, mesmo para a aquisição da língua escrita. Atenuou-se, também, a convicção de que o único papel da escola é a transmissão da norma culta, como se pode ver em Mattos e Silva (1995).

Essas novas convicções apontam para o ensino da Língua Portuguesa como uma reflexão sobre a língua como atividade e não apenas como estrutura. Vou elaborar mais esta ideia nos itens a seguir.

2. Primeira abordagem da língua falada

A constituição da língua falada (doravante LF) como um objeto científico se deu muito recentemente na Linguística, embora há tanto tempo se tenha reconhecido sua primazia sobre a língua escrita (LE).

Ferdinand de Saussure dizia que numa ciência humana como a Linguística, é o ponto de vista que cria o objeto. A isto gostaria de acrescentar que na LF é a gravação e a transcrição das fitas que instituem o ponto de vista criador do objeto.

Quando se registra uma interação verbal, a seleção da modalidade interacional está instituindo um objeto de estudos. Temos aqui dois tipos básicos de diálogo, o diálogo assimétrico e o diálogo simétrico. No diálogo simétrico ou espontâneo, os falantes dispõem de condições semelhantes para negociar livremente o assunto e controlar os turnos. No diálogo assimétrico um interlocutor tem ascendência sobre o outro, introduz ou muda o assunto, distribui os turnos – esta é a situação típica das entrevistas e dos diálogos desenvolvidos em ambientes institucionais, como nas repartições públicas, na igreja, nos sindicatos, etc. Esta oposição básica é bastante reconhecida na literatura pertinente, e há quem chame o diálogo simétrico de "língua falada falada" e o diálogo assimétrico de "língua falada escrita": Berruto (1985). Selecionar o tipo de diálogo é, portanto, obter um primeiro recorte da LF com que se vai trabalhar.

Feita a gravação, o pesquisador terá de tomar outra decisão: como transcrevê-la? Há muitos processos de descrever uma conversa gravada, e cada um deles responde a um tipo de indagação sobre os materiais registrados. Se nosso interesse é fazer uma reflexão de caráter mais social, por exemplo, sobre como se processa a alternância de turnos em uma cultura particular, adotaremos o tipo de transcrição que será examinada no Cap. I. Mas se nossas indagações dizem respeito à forma como o falante organizou seu texto, ou como estruturou a sentença, obviamente tomaremos outras decisões metodológicas, que serão examinadas nos Caps. II e III.

Neste item, gostaria de propor uma teoria sobre a língua, que poderá nortear todo o trabalho, e apresentar uma caracterização da LF, destacando duas de suas características: o fato bastante óbvio de que ela resulta de um diálogo em presença, e o fato de que ela documenta os dois momentos fundamentais da linguagem: o momento de planejamento e o momento de execução verbal.

2.1 - Uma Teoria modular da língua

Para desenvolver observações sobre a LF, vamos admitir que qualquer língua natural se compõe de três módulos, interligados pelo léxico: o módulo discursivo, o módulo semântico e o módulo gramatical.

O módulo discursivo abriga as negociações intersubjetivas que se desencadeiam no momento da enunciação: a constituição do locutor e do interlocutor, a seleção e a elaboração de um tópico conversacional e as rotinas da conversação. Da conversação resultam os textos. Uma e outros serão examinados nos Caps. I e II deste livro.

O módulo semântico se define como os diferentes processos de criação dos sentidos lexicais (denotação, conotação, sinonímia, antonímia, hiperonímia, etc.), dos significados componenciais (referenciação, predicação, dêixis, foricidade, etc.) e das significações interacionais (inferências, pressuposições, etc.).

O módulo gramatical se ocupa das classes, das relações que podemos estabelecer entre elas, e das funções que as classes desempenham no enunciado. Esse módulo compreende a Fonologia, a Morfologia e a Sintaxe. O fonema, o morfema, o sintagma e a sentença, como unidades de cada um desses subsistemas, dispõem cada um de propriedades descritivas. No Cap. III faremos algumas observações sobre a sentença na LF.

O Léxico é concebido como um conjunto de itens armazenados em nossa memória. Cada item dispõe de propriedades semânticas e gramaticais, que são igualmente adquiridas. Ao longo da vida, alteramos o nosso estoque vocabular, promovendo pequenas erosões em suas propriedades, ditadas por necessidades discursivas. Ao longo das gerações, alteramos as propriedades dos itens, provocando a mudança linguística.

Os primeiros passos na postulação da Teoria modular da língua foram dados por Morris (1938), quando ele estabeleceu os domínios da Sintaxe (= estudo da relação dos signos entre si), da Semântica (= estudo da relação dos signos com seu referente) e da Pragmática (= estudo da relação dos signos com seus usuários). Franchi (1977, 1991) reconhece implicitamente os três módulos mencionados por Morris, insistindo em que não há relações de determinação entre eles.

15

Assim, o Sujeito pode ser concebido a partir de suas propriedades semânticas (= "ser que pratica a ação expressa pelo verbo"), discursivas (= "termo da sentença de que se declara algo") e sintáticas (= "termo nominativo com o qual o verbo concorda"), e quando muito poderíamos reconhecer certas correspondências muito incidentais entre o "sujeito do discurso", o "sujeito semântico" e o "sujeito gramatical". Na Introdução do Cap. III retornarei a este assunto, propondo algumas alterações nessa teoria.

2.2 - Características Gerais da Língua Falada

2.2.1 - A LF como um diálogo em presença

A linguagem humana é fundamentalmente dialógica, mesmo em sua modalidade escrita. Uma diferença, entretanto, é que na LF os usuários estão em presença, e a construção do enunciado se ressente de maneira acentuada da interação que aí se desencadeia. Uma das óbvias consequências disso é que na língua escrita (LE) é necessário explicitar as coordenadas espaço-temporais em que se movem as personagens, ao passo que na LF tais coordenadas já estão dadas pela própria situação de fala. Tanto assim que a leitura de uma transcrição da LF em que não constem os elementos situacionais causa por vezes a impressão de que o locutor é afásico.

Estas constatações banais apontam, entretanto, para processos dialógicos que geram consequências formais muito importantes, tais como a organização dos turnos e dos pares adjacentes, o sistema de reparação e correção, e a ampla utilização de diferentes classes gramaticais, denominadas coletivamente "marcadores conversacionais": v. Cap. 1.

Fixando a atenção apenas nas estratégias de manutenção, passagem consentida e assalto ao turno, fica evidente o esforço dos interlocutores no acompanhamento e na avaliação constantes dos rumos da conversação. Decorre daqui a importância das modalizações do enunciado, procedimento através do qual os interlocutores ora enfatizam, ora atenuam o que vai sendo dito, através de verbos tais como *"eu acho"*, *"eu sei"*, *"eu penso"*, etc., ou mesmo dos advérbios modalizadores *"realmente"*, *"talvez"*, *"provavelmente"*, etc.

Por outro lado, na LF, locutor e interlocutor assumem a coautoria do texto, que vai sendo gerado numa forma interacional, obrigando ambos a uma sorte de coprocessamento sintático. Esse fato já foi observado por Blanche-Benveniste (1986: 91). Uma das consequências é que o texto da LF é rico em descontinuações, e o interlocutor deve a todo momento preencher vazios, se é verdade que, para ser descodificada, a linguagem tem de ter a apresentação canônica habitualmente postulada nas reflexões gramaticais.

Diversas consequências formais decorrem dessa "sintaxe interacional", que faz da descontinuação um dos processos constitutivos da LF: (i) unidades discursivas de tópico não lexicalizado [sobre isto, v. Cap. II], (ii) elipses, (iii) anacolutos. Em seu conjunto, esses fenômenos tornam fragmentária a sintaxe da LF. Vejamos alguns exemplos, obtidos em sua maior parte no corpus do Projeto de Estudo da Norma Linguística Culta do Brasil (Projeto NURC), cujo histórico aparece em Castilho (1990b). A identificação dos exemplos foi feita assim: tipo de entrevista (DID = diálogo entre o informante e o documentador; D2 = diálogo entre dois informantes; EF = elocução formal), cidade em que foi gravada (REC = Recife, SSA = Salvador, RJ = Rio de Janeiro, SP = São Paulo, POA = Porto Alegre), número da entrevista, linha (ou linhas) de transcrição.

(1)   Unidades discursivas de tópico não lexicalizado

(1)   L1 - mas Como tá demorando hoje... hein?
L2 - só::... e quando chega... ainda vem todo sujo... fedorento...
L1 - isso sem falar no preço... que sobe todo mês... sem nenhuma vantagem
pra gente...

Em (1), dois conhecidos conversam sobre o serviço de ônibus da cidade. Como estão no ponto de parada, não há necessidade de lexicalizar o tópico conversacional, já suprido pela situação. Transcrita e descontextualizada, diferentes sentidos podem ser atribuídos a essa unidade.

Outra situação muito peculiar é aquela em que a "categoria vazia", habitual na estrutura morfológica, sintagmática e funcional da sentença, ocorre também nas unidades discursivas. Nas interações bastante espontâneas, e mais fortemente vinculadas à situação, o núcleo dessa unidade é vazio, aqui anotado como Ø, e o interlocutor o preenche numa forma colaborativa:

(2)   é o tal negócio ... sei lá... [Ø] entende?
(DID RJ 18)

Em (2), a unidade discursiva se esgotou nos marcadores conversacionais, faltando a sentença ou as sentenças que desenvolveriam o tópico conversacional, gerando-se um segmento em que predominou a função interpessoal. Voltarei a este assunto no Cap. III.

(2) Elipse de constituintes

As transcrições de nossas entrevistas mostram uma enorme quantidade de descontinuações sintáticas, com a omissão de categorias sintáticas (como a preposição), de constituintes do sintagma (como o núcleo do SN), e de categorias funcionais (como o sujeito e o objeto):

(3)   bom... a cozinha também Ø estilo moderno (DID SP 5: 97).
(4)   nesses dias... a não ser Ø ir a Maquiné... realmente eu saía do hotel para o congresso (DID SP 11: 100).
(5)   e então entram essas máquinas grandes que limpam a terra tiram essas... Ø e Ø formam ei/leiras... leiras...são... é o seguinte... eles empurram Ø e vão empurrando toda esta... essas plantações que tem (DID SP 93: 89-94).

Em (3) e em (4) há elipse das preposições "em" e "para", respectivamente, e em (5) se elidiu o núcleo do SN, o sujeito e o objeto direto.

(3) Anacolutos

Blanche-Benveniste (1987) mostrou que frequentemente o locutor vai deixando para trás elementos não sintaticizados, aos quais ela denominou <u>bribes</u>, ou "restos". Ela chega a duvidar que a sentença seja uma unidade gramatical na língua falada, e prefere utilizar o termo "configurações" para denominar sequências de palavras sem articulação sintática clara.

Os materiais do Projeto NURC exemplificam esses segmentos anacolúticos:

(6)   olha... o preparativo para pôr as coisas dentro do carro
*   – o H. é muito metódico... né... –*
*   então ele quer distribuir tudo uniformemente (D2 SP 167: 794).*
(7)   cada um já fica mais ou menos responsável por si pelo menos... por si... fisicamente né? de higiene ... de ... trocar roupa... todo esse negócio (D2 SP 360: 531).
(8)   partindo do princípio... digamos... que tanto eu como minha esposa temos curso superior:.. somos obrigados... digamos... a enfrentar os problemas... para solucionar os problemas profissionais... temos que atualizar:.. digamos... livros.., então eu iria procurar comprar uma biblioteca (DID SP 5: 111-115).

Em (6) há todo um SN anacolútico que fornece um quadro de referência para as sentenças que se seguem. Em (7) temos dois SPs não governados pelo verbo anterior e uma expressão quantificada que "resume o que não precisa ser dito", e em (8) temos um SN nas mesmas condições. Em ambas as situações, o interlocutor processa tais fragmentos a partir de uma instrução pragmática do tipo "o locutor abandonou o restante a dizer e eu devo completar o enunciado a partir de dados contextuais".

2.2.2 - LF como planejamento e execução simultâneos

É habitual reconhecer a existência de duas fases constitutivas da linguagem: uma fase de planejamento, pré-verbal, de natureza cognitiva, em que selecionamos o que vai ser dito e analisamos as condições da interação, para a veiculação do que vai ser dito, e uma fase de execução, ou fase verbal, em que codificamos através do léxico e da gramática as ideias consideradas adequadas aquele ato de fala. Uma vez engajada a conversação, procedemos constantemente a ajustes sociopragmáticos no planejamento anterior.

Ora, na LF essas fases de planejamento e execução ocorrem simultaneamente, no tempo real. Elas se dão numa situação discursiva plena, isto é, com todos os usuários em presença, o que interfere diretamente na organização e na execução dos atos de fala. Já na LE, a "audiência" tem uma atuação muito discreta, com pouca probabilidade de interferir nessa organização. Nessa modalidade, como observa Pécora (1980: 80), *"a primeira pessoa é obrigada a desdobrar-se na segunda"*. Em consequência, na LF tudo "vai para o ar", por assim dizer, fazendo dessa modalidade um excelente meio de reflexão sobre os processos constitutivos da língua. Já na LE o leitor não tem acesso nem controle sobre as estratégias de preparação do texto, tais como o plano geral, as diferentes versões, etc. Na LF nada se apaga, nem mesmo a própria maquinaria da linguagem, permitindo uma inspeção privilegiada.

Uma das características da LF que denunciam a simultaneidade do planejamento e da execução é a grande quantidade de segmentos que aí encontramos. Assim se explicam as negações "de dicto", as paráfrases lexicais e determinados marcadores conversacionais.

(1) As negações "de dicto" apresentam-se de várias maneiras:

19

A) Nega-se o argumento do verbo, como em

(9) *ela está com três anos e pouco e ainda não fala...*
                então ela faz   *reeducação*
                                                   reeducação não
                                                   exercícios (DS SP 360)

B) Nega-se o verbo que foi selecionado

(10)   *eu*   *soube*
               que também   *provocou uns certos ciúmes*
               isso eu   *soube não*
                  eu   *vi*
                lá eu   *senti um certo ciúma (D2 SP 360: 757)*

(2) Nega-se um N não verbalizado, como neste exemplo de negação psicopragmática:

(11) *que te aconteceu ontem à noite?*
       bem... não
       um ladrão me ameaçou com o revólver

(3) As frequentes paráfrases lexicais ou definições por meio da estrutura "N é N" são outros tantos segmentos epilinguísticos através dos quais o falante, por assim dizer, abandona momentaneamente a interação e se concentra no léxico, fornecendo definições ao seu interlocutor:

(13)   *o terreiro (...) é:: um::*
       como poderia chamar?
                                  um chão (DID SP 18: 177)

No exemplo anterior aparece outro segmento epilinguístico, que é a interrogação "como poderia chamar"? Expressões desse tipo, e ainda marcadores conversacionais tais como "digamos assim", "vamos dizer", "por outras palavras", "ou melhor", "aliás", de documentação abundante na LF, denunciam igualmente a confluência entre planejamento e execução:

(14)   *já há um processo...*
       seria melhor dito *já um processo de análise*
                           já há um exame (EF POA 278: 268)

No Cap. III veremos de que maneira esta propriedade se reflete na construção da sentença.

3. Proposta de incorporação da LF nas aulas de gramática

Nos itens anteriores, procurei destacar as condições que cercam o ensino da Língua Portuguesa em nosso país, e que devem ser levadas em conta no momento em que as diretrizes da prática escolar são definidas pelo professor. Em seguida, procedi a uma apresentação sumária do que é a LF. Neste item, defenderei a inclusão da LF em nossas aulas de gramática.

Os seguintes pontos justificam a inclusão da LF nas práticas escolares:

(1) Via de regra o aluno não procede de um meio letrado. Sua família enfrenta as tensões da vida urbana, uma novidade para muitas delas. A escola deve iniciar o aluno valorizando seus hábitos culturais, levando-o a adquirir novas habilidades desconhecidas de seus pais. O ponto de partida para a reflexão gramatical será o conhecimento linguístico de que os alunos dispõem ao chegar à escola: a conversação. O ponto de chegada será a observação do conhecimento linguístico "do outro", expresso nos textos escritos de interesse prático (jornais, revistas de atualidades) e nos textos literários, cujo projeto estético será examinado. A proposta se fixa na língua que adquirimos em família, como um ponto de partida mais autentico. Com ela nos confundimos, e nela encontramos nossa identidade. Ver considerado na escola seu modo próprio de falar, ser sensibilizado para a aceitação da variedade que flui da boca do outro, saber escolher a variedade adequada a cada situação – estes são os ideais da formação linguística do cidadão numa sociedade democrática.

(2) Num caso e noutro, os recortes linguísticos recolhidos devem ilustrar as variedades socioculturais da Língua Portuguesa, sem discriminações contra a fala vernácula do aluno, isto é, de sua fala familiar. A escola é o primeiro contacto do cidadão com o Estado, e seria bom que ela não se assemelhasse a um "bicho estranho", a um lugar onde se cuida de coisas fora da realidade cotidiana. Com o tempo o aluno entenderá para cada situação se requer uma variedade linguística, e será assim iniciado no padrão culto, caso já não o tenha trazido de casa.

Com respeito mais propriamente à reflexão gramatical, gostaria de tecer algumas considerações.

A percepção mais difundida da análise gramatical a identifica a um vasto esforço classificatório das expressões linguísticas, isto é, à organização do repertório de <u>produtos</u> que decorrem de processos não focalizados na escola.

Nesta proposta, a ênfase é transferida para a identificação dos <u>processos</u> constitutivos da conversação, do texto e da sentença. Coin isto, os produtos passam necessariamente para um segundo lugar, o que não significa que devam ser esquecidos.

Por outro lado, a proposta vê a gramática como o lugar das reflexões, dos debates, dos questionamentos. A partir de dados da LF ou da LE, formulam-se perguntas, procede-se à análise, e por último se promovem as ordenações desses dados. A Nova Nomenclatura Gramatical Brasileira fez da gramática um exercício classificatório, sem que sejam previamente discutidos os processos que estão sendo classificados. Insisto em que a gramática não é o lugar das certezas absolutas, e em classe não devemos transferir nossa capacidade de reflexão para o autor de uma gramática, por melhor que ele seja. É de todo inútil passar para os alunos o "pacote gramatical", o famoso "ponto" de gramática, cujo efeito prático será, infelizmente, afastar os educandos da reflexão. A aula de gramática deve implicar numa atuação participante de professor e alunos, movidos pelo desejo da descoberta científica. A ordenação dos achados é uma fase final no procedimento pedagógico. Feitas as descobertas, vamos classificar os dados, organizando quadros sinóticos, e só então teremos um elenco de regras descritivas. Em qualquer um desses momentos, parece-me fundamental a convicção de que a gramática não é senão um debate continuo, alimentado por dados, hipóteses, perguntas nelas fundamentadas e respostas que abrem novas perspectivas de indagação, e assim por diante. Para fazer girar o debate, cada aula será transformada num projetinho de pesquisa, movimentado pela liderança do professor.

Ao ordenar os fatos observados, estaremos formulando as regras gramaticais. Quando falo em regras, estou pensando em "regras descritivas", por meio das quais anotamos as regularidades encontradas em nossos materiais. Essas regras serão frequentemente variáveis, e devem captar o que se encontrou no corpus de análise. Estou me referindo aqui à questão da variabilidade linguística, tratada, por exemplo, por Lemle (1978), entre muitos outros autores. É apenas num segundo momento que vamos sensibilizar o aluno para as "regras prescritivas", que correspondem ao chamado uso culto, mais prestigiado pela comunidade.

22

Isto quer dizer que a descrição tem prioridade sobre a prescrição. Tomado esse cuidado, a gramática deixará de ser vista pelos alunos como a disciplina do certo e do errado, reassumindo sua verdadeira dimensão, que é a de esquadrinhar através dos materiais linguísticos o funcionamento da mente humana.

É evidente que nossas perguntas, e as regras que formularemos a partir das respostas, partem de um lugar teórico dado. Deveria, portanto, o professor de Português filiar-se a uma única direção teórica? Se é verdade que do linguista interessado numa dada questão se requer a seleção prévia de um modelo teórico (tendo em conta o já aludido "caráter escondido" de seu objeto), para o professor, de outro lado, o ecletismo é mais saudável. Assim, as reflexões gramaticais devem inicialmente valorizar uma abordagem funcional da linguagem. É evidente que se requer previamente a habilidade de identificar as classes gramaticais por seus atributos morfossintáticos e semânticos, focalizados nos trabalhos de Perini (1985, 1989, 1995). Num segundo momento, pode-se desenvolver uma argumentação formalmente orientada, em que as postulações pré-teóricas cedem espaço a um raciocínio guiado por condições estabelecidas de antemão.

(3) Para bem dosar as coisas, imagino que um modo de aproximar-se da gramática é das bordas para o centro, assim como quem toma um prato de sopa quente. Faremos inicialmente algumas observações sobre a conversação, depois sobre a estrutura do "texto falado", e finalmente sobre a sentença. Essa estratégia tem o interesse de refazer a caminhada da reflexão gramatical no Ocidente. Qualquer manual de história da Linguística mostra que no mundo greco-latino a Gramática surgiu da Retórica, do estudo dos processos de argumentação e de articulação do texto. O estudo do texto despertou a curiosidade sobre a estrutura e o funcionamento da língua. Com o andar da carruagem, perdemos de vista esse interesse inicial, sobre que se fundamenta, inclusive, a terminologia gramatical ainda hoje usada. E a gramática, que não era uma disciplina autônoma, assumiu na escola uma vida própria, desgarrada de suas origens, e concentrada apenas na sentença, na palavra e no som, obscurecendo-se sua argumentação e empobrecendo-se seu alcance. Vamos refazer a história, começando pela enunciação conversacional até atingirmos o enunciado sentencial. Em cada um desses tópicos examinaremos um conjunto de questões, sugerindo outros temas à iniciativa do professor e de sua classe, ou do leitor curioso.

E como ninguém aqui está negando a importância da LE, seria o caso de desenvolver em classe a reflexão sobre a linguagem a partir do emparelhamento da LF e da LE. Suponho que um bom ritmo para alcançar esse objetivo seria combinar os seguintes tipos de texto: (i) conversação simétrica / diálogos em peças de teatro; (ii) conversação assimétrica / cartas, crônicas e noticiário de jornais e revistas; sobre o uso do jornal em sala de aula, veja as excelentes sugestões de Faria (1989); (iii) aulas e conferências / narrativas e descrições contidas em romances e contos. Mas neste livro vou concentrar-me nos textos falados.

Minha proposta tem, portanto, um caráter modular, animada pelos seguintes vetores, que aqui resumo: (1) Vetor teórico: da língua como atividade social (e, portanto, de um modelo funcional de gramática) para a língua como uma estrutura (donde um modelo estrutural de gramática), e finalmente para a língua como uma atividade mental (com a apropriação das descobertas da gramática gerativa, cujas observações transcendem o Português, buscando comparações com outras línguas). (2) Vetor metodológico: (i) da Análise da Conversação para a Linguística do Texto e desta para a Gramática; (ii) da LF para a LE, passando por uma caracterização comparativa dessas modalidades, mediante a recolha de recortes variados da língua, de forma a abranger variedades regionais não escolarizadas, documentos da norma culta, variedades de registros, emparelhando-os conforme sugerido acima. (3) Vetor pedagógico: das aulas de veiculação de "pacotes prontos", para as aulas como uma oportunidade para o desenvolvimento da reflexão e da descoberta, alimentadas por projetinhos de pesquisa a partir de dados previamente selecionados, em que a reflexão vem primeiro e a classificação vem depois. Esta é, sobretudo, uma proposta formulada em termos necessariamente experimentais, que precisará ser testada em classe, após uma preparação prévia dos professores interessados.

Este livro começou a ser escrito em 1986, quando preparei materiais para um curso de atualização para professores do Estado de São Paulo: Castilho (1986b). Voltei ao assunto diversas vezes: Castilho (1989b, 1990a, 1994b, 1997a, b,c). A partir de 1993, as diferentes fases do trabalho aqui detalhadas passaram a ser apresentadas e debatidas nos Cursos de Especialização do PREPES/PUC-MG. Em todas essas situações, as reações dos professores foram muito importantes para ajustes na proposta. O próximo passo será testar longamente em salas de aula o que aqui se propõe. Para os primeiros resultados desse exercício, v. Verceze (1998).

Alguns trabalhos têm debatido "o espaço da oralidade na sala de aula", título do livro de Ramos (1997); v., ainda, Travaglia (1996).

Nesse mesmo ano, o MEC publicou os *Parâmetros Curriculares –
Língua Portuguesa*, em que se põe em relevo a incorporação da LF
nas práticas de ensino: Bräkling-Soligo-Weisz (1997: 7, 15, 21, 23,
30 e ss.). Então, meu caro, o negócio é meter a mão na massa.

capítulo I

a conversação

0. INTRODUÇÃO

Neste capítulo, apresento a conversação como um objeto científico, e trato em seguida dos turnos conversacionais, do sistema de correção, dos pares adjacentes e dos marcadores conversacionais. A conversação é uma atividade linguística básica. Ela integra as práticas diárias de qualquer cidadão, independentemente de seu nível sociocultural. A conversação representa o intercurso verbal em que dois ou mais participantes se alternam, discorrendo livremente sobre tópicos propiciados pela vida diária, "fora de ambientes institucionais como o serviço religioso, as audiências de um tribunal, as salas de aula, etc.": Levinson (1983: 284). Como assinala o Prof. Marcuschi, autor do primeiro livro em língua portuguesa sobre o assunto, "a conversação é a primeira das formas da linguagem a que estamos expostos e provavelmente a única da qual nunca abdicamos pela vida afora": Marcuschi (1986: 14).

Os materiais conversacionais são abundantes e gratuitos. Começar por eles as observações sobre o funcionamento e a estrutura do Português é criar as condições para que o aluno intensifique seu interesse pelo mundo circundante, abortando-se o velho hábito de acenar para realidades longínquas, inacessíveis, que produzirão nos estudantes um irremediável desinteresse pelas "coisas da escola". Nada mais natural, portanto, que começar pela conversação nossas reflexões sobre a gramática!

Uma condição prévia, fundamental, para que haja conversação é a de que duas ou mais pessoas manifestem a intenção de entrar em contacto. Assim, a conversação fica sujeita ao principio geral da cooperação, e *"cada participante reconhece um propósito comum ou um conjunto de propósitos, ou, no mínimo, uma direção mutuamente aceita"*: Grice (1967: 86).

Ao verificar os mecanismos de produção da conversação, poderemos formular perguntas do tipo: (i) o que leva as pessoas a conversarem? (ii) quais são as rotinas estabelecidas em nossa cultura para a condução de uma conversa? (iii) como se estabelece o jogo interpessoal no interior da conversação, isto é, quais são as regras sociais observadas nas práticas de alternância dos turnos conversacionais? (iv) como se elabora o assunto na conversação? (v) que materiais linguísticos são empregados habitualmente nas estratégias de iniciar, manter ou encerrar uma conversa? (vi) quais são os "esquemas de poder" exemplificados pelos parceiros de uma conversação, nas táticas da argumentação e do convencimento? (vii) quais são os tipos de conversação?

Para responder a estas e a outras questões, precisaremos formular um plano de atividades a serem desenvolvidas em conjunto pelo professor e seus alunos.

O primeiro passo será gravar uma conversação livre, surpreendida na própria escola, ou fora dela. A gravação poderá ser "secreta", se Você puder registrar a fala de alunos sem que eles se deem conta disso. É claro que, depois, Você vai tocar a *fita* para que eles ouçam, indagando se autorizam seu uso em atividades escolares. Mas não é necessário que a gravação seja secreta. Reunindo dois alunos, pode-se conduzir uma entrevista de tal forma que eles se distendam, e falem com naturalidade. William Labov mostra que ao longo de uma entrevista é possível variar seu estilo, indo do formal (leitura de textos, sentenças, e listas de palavras) até o mais informal (narrativa de experiências individuais marcantes, tais como um desastre, algum fato marcante na biografia dos entrevistados, etc.).

Em seguida, a gravação será transcrita, prestando-se atenção às peculiaridades da conversação, em geral "filtradas" pelo nosso ouvido, e das quais temos uma consciência escassa: alongamentos vocálicos e consonantais, pausas, hesitações, truncamentos, mudanças de tessitura, superposição de vozes, etc. Você pode beneficiar-se, neste particular, da experiência do "Projeto de Estudo Coordenado da Norma Urbana Linguística Culta" (Projeto NURC). Entre 1970 e 1976, linguistas brasileiros ligados a esse Projeto levantaram uma enorme quantidade de materiais falados nas cidades de Recife, Salvador, Rio de Janeiro, São Paulo e Porto Alegre. Amostras desses materiais foram publicadas em São Paulo (Castilho-Preti Orgs. 1986 e 1987), Rio de Janeiro (Callou Org. 1992, Callou-Lopes Orgs. 1993 e 1994), Salvador (Motta-Rollemberg Orgs. 1994), Recife (Sá-Cunha-Lima-Oliveira Jr. Orgs. 1996) e Porto Alegre (Hilgert 1997). Tratando-se de entrevistas com adultos de formação universitária, esses materiais poderão ser objeto de comparações com a linguagem de seus alunos.

Finalmente, examinaremos as transcrições formulando questões ordenadas numa sequência. Poderemos fazer observações de caráter interacional, depois textual, chegando finalmente as questões sintáticas. Para exemplificar essa atividade, vamos ler a transcrição desta conversa de duas senhoras, que falam sobre televisão e sobre as variedades de pronúncia do português nesse meio de comunicação. A sigla "Doc" quer dizer "documentador", "L1" é o primeiro locutor, e "L2", o segundo. O texto completo da entrevista foi publicado em Castilho-Preti (Orgs. 1987: 234-235). Os números em negrito correspondem à numeração das linhas adotadas nas transcrições, para facilitar a remissão aos dados.

(1) Projeto NURC/SP. Inquérito 333 - Bobina 124 - Infs. 419 e 420. *Tipo de inquérito:* diálogo entre dois informantes (D2). *Duração:* 57 minutos. *Data do registro:* 07/04/76. *Tema:* Cinema, TV, rádio e teatro. *Locutor I:* Mulher, 60 anos, viúva, jornalista, paulistana, pais paulistanos, (Inf. 419). *Locutor 2:* Mulher, 60 anos, viúva, escritora, paulistana, pais paulistanos, (Inf. 420).

Doc. *1 gostaríamos que dessem as suas opiniões a respeito de televisão*

LI olha I... eu como você sabe... u:: ma pessoa um diretor lá da Folha... certa feita me chamou... e me incumbiu de escrever sobre televisão ... o que me parece é que na ocasião... quando ele 5 me incumbiu disso... ele pensou que ele ia:...ficar em face de uma recusa e que eu ia esnoBAR ((ri)) – agora vamos usar um termo... que eu uso bastante que todo mundo 10 usa muito - - eu iria esnobar a televisão... como todo intelectual realmente esnoba... mas acontece... que eu já tinha visto durante muito tempo televisão... porque:: houve uma época na minha vida que a literatura:: me fazia prestar muita atenção... e eu queria era uma fuga 15 então a minha fuga ... era me deitar na cama... ligar o:: receptor e ficar vendo... ficar vendo... e:: aí eu comecei a prestar atenção naquela tela pequena... vi... não só que já se fazia muita coisa boa e também muita coisa ruim é claro... mas:: vi também todas 20 as possibilidades... que aquele veículo... ensejava e que estavam ali laTENtes para serem aproveitados ... agora voCÊ... foi dos tempos heroicos da mencionada luta
L2 eu estava na Tupi trabalhando como::... funcionária 25 da Tupi... da rádio ... Tupi... quando foi lançada a primeira... (primeira) televisão ... de modo que eu vi nascer propriamente a a ... televisão...

[

LI   vinte e cinco anos né?
L2   é ( )eu... eu vi nascer... eu estava lá ... ah ... 30 todo momento né? e::: uma coisa que eu gostaria de::... lembrar a você justamente a respeito de linguagem... é o seguinte que eu noto... que muito paulista fica um pouco chocado... com o linguajar carioca ... com os esses e os erres do carioca ...

                                                 [

LI   *35 sibilados...*

L2 *que eram justamente um dos... um dos defeitos muito grandes do rádio...*
daquele tempo que era ... quando:: um::... locutor ia fazer um teste ... o::... o
*chefe dizia a ele... "diga aí os ef/ os esses e os **40** erres" ... esse era o teste*
LI *é...*
L2 *para saber se ele tinha:: ... boa dicção para falar em rádio... não é? então ele*
caprichava ... é isso que o Chico Anísio está ... ah ah ah ... caçoando ...
45 LI *é*
L2 *no programa dele...*
LI *no programa dele*
L2 *do Chico Anísio ... não é? ele ... ca/ eh ... eh ... ele inSiSte... DORme em cima*
dos esses e dos erres né?
50 LI *dos erres... ahn*
L2 *e ... mas eu noto que agora ... sobretudo na nossa família que nós temos*
muita preocupação ... da da linguagem simples e da linguagem:: ... correta
                                               [

LI   *exata*

55 L2 *é ... exata ... nós ficamos um pouco chocados com esse e o erre*
exagerados dos cariocas
                         [

LI   *dos cariocas*

L2 *que são mesmo um preciosismo inútil né?*
LI *é:: e agora como o que domina o mercado é a Globo ... e **60** os estúdios da*
Globo... estão no no Rio ... isto faz com que ... até os paulistas que vão para o
Rio ... os artista paulistas que estão lá...
                                     [

L2   *adotam...*

LI *eles começam a adoTAR ... para não ficar diferente... **65** e:: uma vez::*
que::... nós estamos aqui dando um depoimento sobre esse aspecto da
linGUAgem ... eu já enfoquei na nas minhas crônicas da Folha ... a pedra no
caminho que é a:: a pronúncia tão diferente ... e mesmo ... a maneira de falar as
*singularidades que **70** tem cada região ... do país ... e e e que ... como isso*
constitui numa PEdra no caminho quando é passado em termos de arte cênica
... e no caso televisão uma vez que a televisão vai para o Brasil inteiro não é?...
*ar/ as redes ... das grandes emissoras cobrem o Brasil inteiro ...**75**... então...vo/*
– não sei se vocês acompanharam a polêmica em torno de Gabriela ... Gabriela
... ah ... jornais baianos:: ... não é? éh :: fizeram ... editoriais ...a respeito de
Gabriela ... indignados porque ... é é que aquela baiaNIce que se falava ... lá não
*era **80** absolutamente*
                            [

L2   *artificial*

LI *a maneira como o baiano falava ... depois ao correr da novela... eu tenho*
a impressão que eles foram aparando essas arestas ... mas a verdade é esta ... é no
*no **85**... por exemplo ... se ... estão gravando agora este ... está passando está*
passando agora em São Paulo O Grito não é? no Brasil todo aliás O Grito de

Jorge Andrade que é um excelente autor um autor paulista... pois bem... uma
grande atriz que é a Maria Fernanda... faz uma **90** *paulista de quatrocentos*
anos eXAtamente com a linguagem que você assinalou ... de esses sibilantes
como cobras ... que Maria Fernanda tem todos aqueles cacoetes de linguagem...
L2   *[ela nunca morou aqui não e?*
95 LI   *de uma carioca é*
L2 *Maria Fernanda nunca morou em São Paulo?*
LI   *[e é uma grande atriz... então choca demais aquela*
paulista quatrocenTOna que ele faz bem griFAdo... aliás de uma maneira um
pouco calcada **100** *demais porque esse tipo acho que já se diluiu nem existe*
mais... mas... fica fica muito falso ver-se então... uma paulista... éh:: que faz
questão de morar:: na casa em que moraram seus ancestrais ...embora seja na
borda do Minhocão... ela faz questão ...porque **105** *foi ali que os pais moraram*
por sinal então muito conservadora falando como uma carioca com esses
sibilantes...então isso é uma Pedra... que eu vejo no caminho ... nosso... e::...
não sei como isto será resolvido... eu acredito que será louvável o empenho do
100 *governo...numa Unificação pelo menos de pronúncia ... mas que deveria de*
começar na escola primária não é? ensinar dicÇÃO... na escola primária e de
uma certa forma unificada

Os segmentos acima exemplificam uma conversa gravada com o conhecimento dos locutores, o que cria habitualmente certa formalidade. Isso explica a extensão maior das intervenções, certa elaboração do assunto, e um contido apetite na tomada dos turnos. Mesmo assim, numa tipologia aproximativa, poderíamos considerá-los como representativos de uma <u>conversação natural</u>. Entende-se por isso tanto a conversação formal ou assimétrica, quanto a conversação informal, coloquial ou simétrica. Por contraste com isso, temos a <u>conversação artificial</u>, como aquelas desenvolvidas em peças de teatro, novelas, filmes, romances, etc., as quais *"seguem algum tipo de script ou roteiro prévio, com simulações simplificadoras"*: Marcuschi (1986: 13).

O exemplo (1) corresponde a uma conversação natural formal, visto que (i) não segue nenhum roteiro previamente preparado, (ii) são conduzidas pelo entrevistador, numa situação muito comum aos hábitos das pessoas que vivem em comunidades urbanas. Sobre esta situação de fala, Lavandera (1984: 129-130) descreve com grande acuidade o relacionamento entrevistador – entrevistado. Para uma análise conversacional da entrevista inteira, v. Brait (1997).

Uma característica muito saliente da conversação natural é sua imprevisibilidade. Ao longo de uma conversação, tomamos decisões ao mesmo tempo em que a estamos executando. Cunhou-se a expressão *"atividade administrada passo a passo"* para explicitar essa peculiaridade do texto conversacional. Falamos sempre a determinado interlocutor, a partir de determinados pressupostos (i) sobre o interlocutor, (ii) sobre o assunto, (iii) sobre a imagem que supomos que o interlocutor tenha de nós e do assunto, (iv) sobre a imagem que ele supõe que tenhamos feito a seu respeito, depois que o vimos posicionar-se a respeito do assunto: Ozakabe (1979). Construímos nossa participação numa conversa a partir da recolha e da análise dessas informações, numa atividade automática. Por outro lado, monitorando os resultados de nossa atuação, planejamos as próximas intervenções, de tal sorte que cada turno "administra" o turno subsequente, numa atividade autoconstrutiva, extremamente dinâmica.

Em consequência, a conversação enquanto objeto de estudos é uma combinação de elementos psicossociais e linguísticos, para cuja análise se requer a propositura de categorias processuais, pluridimensionais, não lineares, não excludentes, e portanto não susceptíveis de compor um quadro classificatório único.

Além dos já mencionados, alguns textos de caráter abrangente permitem uma boa iniciação na Análise da Conversação, disciplina que apareceu nos anos setenta: Coulthard (1987: Cap. 4), Schenkein (1978), Beaugrande (1980), Beaugrande-Dressler (1981), Goodwin (1981), Coulmas (1981). Para o Português, Marcuschi (1986), Castilho (Org. 1989), Preti-Urbano (Orgs. 1990), Preti et alii (Orgs. 1993, 1997).

1. A Transcrição conversacional

Observando a forma de apresentação do texto acima, nota-se que foram tomadas algumas decisões sobre a transcrição da fita em que a conversação tinha sido gravada. Essas decisões partem de uma indagação que se está fazendo a propósito desses materiais: como se estruturam as conversações? O Projeto NURC/SP respondeu a essa pergunta com as seguintes "Normas para transcrição":

OCORRÊNCIAS	SINAIS	EXEMPLIFICAÇÃO
Incompreensão de palavras ou segmentos	( )	do nível de renda... ( ) nível de renda nominal...
Hipótese do que se ouviu	(hipótese)	(estou) meio preocupado (com o gravador)
Truncamento	/	e comé/ e reinicia
Entoação enfática	maiúsculas	porque as pessoas reTÊM moeda

Alongamento de vogal ou consoante *s, r*	:: ou :::	*ao emprestarem os...éh:: o dinheiro*
Silabação	-	*por motivo tran-sa-ção*
Interrogação	?	*o Banco Central... certo?*
Qualquer pausa	...	*são três motivos... ou três razões*
Comentários descritivos	*((maiúsculas))*	*((tossiu))*
Comentários do locutor que quebram a sequência temática; desvio temático	– –	*a demanda da moeda – vamos dar essa notação – demanda de moeda por motivo*
Superposição, simultaneidade de vozes	[*ligando linhas*	*A. na casa da sua irmã?* [*sexta-feira?*
Citações literais, reprodução de discurso direto ou leitura de textos	" "	*Pedro Lima... ah escreve na ocasião... "O cinema falado em língua estrangeira não precisa de nenhuma baRREIra entre nós"...*

[Reproduzido de Castilho-Preti (Orgs. 1987: 9-10)]

Essas normas indicam como registrar todas as marcas ouvidas, passíveis de fornecer respostas às perguntas abaixo formuladas. É evidente que a mera leitura da transcrição não basta. Para bem seguir os argumentos deste capítulo, Você deveria obter uma cópia da fita respectiva, depositada na Disciplina de Filologia e Língua Portuguesa da Universidade de São Paulo e no Centro de Documentação Alexandre Eulálio, da Universidade Estadual de Campinas. Acho importante ressaltar que Você não deve ir logo adotando essas normas. O melhor será examinar livremente, em classe, as características da fala de seus alunos, recolhidas na entrevista sob análise. Convencione, depois, como anotá-las, organizando suas próprias normas.

Neste capítulo, tratarei de algumas das questões levantadas na Apresentação deste capítulo: (1) os turnos conversacionais, (2) o sistema de correção, (3) a organização dos turnos em pares adjacentes, e (4) os marcadores conversacionais.

2. Os Turnos conversacionais e o principio de projeção interacional

Em qualquer atividade analítica, precisamos identificar uma unidade para essa análise, vale dizer, um recorte dos dados, que nos permita balizar nossas observações.

Como um ponto de partida, vamos considerar que a unidade da conversação é o *turno*. Turno é o segmento produzido por um falante com direito a voz, assinalados na transcrição acima por L1 (locutor 1) e L2 (locutor 2).

Se entendermos por turno apenas a primeira metade da definição acima ("segmento produzido por um falante"), diremos que em (1) ocorreram 27 turnos, isto é, L1 e L2 fizeram 27 intervenções no diálogo. De acordo com este ponto de vista, até mesmo os sinais de acompanhamento do diálogo, do tipo *"ahn ahn"*, *"uhn uhn"*, emitidos ao longo de uma conversação, constituem turnos. Mas se valorizarmos a segunda parte da definição ("segmento produzido por um falante com direito a voz"), diremos que no texto (1) só houve três turnos: L1 falou de linhas 3 a 23, L2 falou de linhas 24 a 58, e L1 retomou, de linhas 59 a 110. As interrupções observadas ao longo do texto ou representavam tentativas de assalto ao turno, ou falas colaborativas. A escolha de uma definição ou de outra dependerá do que Você está querendo saber. Se o interesse é fazer uma análise interacionista (como o pessoal da Análise da Conversação), o melhor é ficar com a primeira definição. Mas se Você está mais interessado no texto como um todo, o melhor será adotar a segunda definição. Já por aqui se pode perceber que o texto (1) pode prestar-se a mais de um tipo de análise, e que a cada análise corresponderá um ponto de vista sobre os dados.

Dependendo da decisão tomada, um turno pode ser constituído de um item pré-lexical (como *"ahn"*, *"uhn"*), uma palavra, um sintagma, uma sentença ou toda uma unidade discursiva. De um ponto de vista mais amplamente pragmático, o turno é essencialmente uma prática social que pode ter uma expressão linguística ou não. Constituem turnos não linguísticos a passagem de duas ou mais pessoas por um corredor ou porta, o cruzamento de veículos no trânsito, a participação em jogos e debates, enfim, em todas as circunstâncias em que estejam envolvidos dois ou mais parceiros: Sacks-Schegloff-Jefferson (1974). Em uma e outra situação, regras sociais disciplinam "quem fala primeiro", ou "quem passa primeiro", e assim por diante. Vai ser divertido observar como estas coisas se passam no dia a dia. Afinal, todo mundo está exposto à conversação, e nada como começar pelo que é mais espontâneo para dar às aulas de Português "as cores fortes da realidade".

Para sustentar a conversação, os interlocutores obedecem a uma regra básica: fala um de cada vez. Essa regra é mais observada nas conversações formais, e menos observada nas conversações espontâneas, em que ocorrerão superposições de vozes. Por isso mesmo, limite a dois os seus locutores, para viabilizar a transcrição.

Ao conversar, os interlocutores se envolvem em pelo menos três estratégias: a manutenção do turno, o "assalto" ao turno, e a passagem consentida de turno.

Essas diferentes estratégias apontam para uma espécie de <u>Princípio de Projeção Interacional</u>, ou, como preferem Sacks-Schegloff-Jefferson (1974), uma *"habilidade de projetar o final de um turno e decidir sobre o momento de entrada na corrente da fala"*. Segundo esses Autores, essa habilidade é suficientemente regular para configurar o "componente de alocação de turnos".

Embora Sacks-Schegloff-Jefferson tenham concebido que o sistema de tomada de turnos tenha dois componentes na Conversação, o primeiro dos quais é o de construção de turnos, e o segundo o de alocação de turnos, considero que este último dispõe de maior poder de generalização. Vou rebatizá-lo como o já mencionado "Princípio de Projeção Interacional", que tem a vantagem de poder postular-se como o correlato do Princípio de Projeção Sintática, a examinar no Cap. III. Neste caso, um item lexical predicador desencadeia a formação da sentença. Naquele, a competência comunicativa do falante desencadeia a conversação.

2.1 - *Manutenção do Turno*

A manutenção do turno da estratégia de quem está falando. Observe que para manter o turno, L1 e L2 lançam mão de diferentes recursos:

(1) Pausas não muito longas, frequentemente preenchidas por meio de fáticos do tipo de *"ah"*: linhas 29 e 42.

(2) Alongamentos de vogais e de consoantes em artigos (*o::, u::ma*), conjunções e preposições (*porque::. de::*), substantivos (*linguagem::*), etc. Os recursos (i) e (ii) mostram que um silêncio prolongado assinala a disposição de ceder o turno. Não sendo este o caso, o falante trata de evitá-lo na forma acima.

(3) Autocorreção: frequentemente, o locutor substitui o item lexical escolhido, ou muda o rumo da conversa, temendo uma heterocorreção, que implicaria na maior parte das vezes em perda do turno. Isto deve explicar por que L1 substituiu *"uma pessoa"* por *"um diretor"*, e por que fez o comentário relativo ao uso do termo *"esnobar"* na linha 10, etc.

(4) Repulsa à correção do outro: admitir que se formulou mal o pensamento é perder força no jogo conversacional, arriscando-se a ter de ceder o turno ao outro. Por isso, sobrevindo uma heterocorreção o locutor "se faz de desentendido", e procura não incorporar o que foi dito por seu parceiro: Você pode constatar essa manobra nas linhas 28 e 35.

(5) Incorporação da heterocorreção, manobra muito arriscada, dadas as razões acima. Para conjurar o risco, parafraseia-se a correção, como fez a L1 na linha 64, em que ela substituiu *"adotam"* de L1 por *"começam a adotar"*, menos afirmativo e portanto preservador de sua face enquanto "dona do turno".

2.2 - Passagem de Turno

A passagem de turno se dá por "assalto ao turno", ou por passagem consentida de turno.

2.2.1 - Assalto ao Turno

O assalto ao turno é a estratégia do ouvinte. Numa conversação, não se pode ficar esperando o tempo todo que o interlocutor nos passe a palavra. Por isso, "assaltamos" o turno do outro. Vistas as coisas desse ângulo, constata-se que a conversação reproduz a "luta pela vida". A luta aqui envolve as seguintes estratégias, não excludentes:

2.2.1.1 - Interrupção direta do interlocutor, produzindo-se um momento de superposição de vozes: veja linhas 28, 34, 53 e 56, em que houve assaltos não bem sucedidos. Um assalto bem sucedido pode ocorrer após uma "deixa" do interlocutor, como nestes exemplos, colhidos em Galembeck-Silva-Rosa (1990: 78 e 80):

(2) L1 - nós temos que estudar bastante né? ((risos))
L2 - precisamos qualidade né?
L1 - é exato porque::... dentro da profissão acho que SOmente para para...
para vencer para conseguir... somente sendo muito bom mesmo... porque::
é um fato você vê...
L2 - o o eu não diria somente ser muito bom:.. viu...

ou sem "deixa" mesmo, caso em que há sobreposição de vozes por certo tempo, até que uma das partes desista, como em

(3) L2 - se você for ver as civilizações que já existiram até hoje... o que teve de queda né? ... é ascendência de novos

     [

L1- não... eu acho que não

     [

L2 - e eu acho que a gente está num período de cadência

     [

L1 -   veja o seguinte... cada vez mais (...)

Os trechos com superposições mais extensas ocorrem nos debates mais acalorados, e o leitor poderá muito bem se lembrar de muitos casos desse tipo. Preti (1988) estudou a sobreposição de vozes que daí decorre, concluindo que as execuções linguísticas simultâneas são comuns nas seguintes situações: após uma pausa de cerca de sete segundos, após a produção de um segmento sintaticamente completo, após um fático interrogativo (quando o locutor supõe que o interlocutor tinha terminado sua intervenção), nos assaltos de turno, ou, finalmente, quando um locutor quer colaborar com o outro, acrescentando segmentos, corrigindo, discordando, duvidando, perguntando ou respondendo. Preti-Urbano (1990) retomam o assunto, e mostram que a sobreposição pode "não gerar interrupção do discurso do falante que estava com a palavra", como nos exemplos a seguir, recolhidos de Preti-Urbano (1990: 106 e 108):

(4) L1 - porque está num grau mais alto né?... você ficava repressivo assim "aí eu quero me

     [

L2-   mas é que antes outras pessoas

                                   [

L1 -   matar" e ficava sozinha na floresta...

ou ocorre interrupção do discurso do falante, como em

(5) L2 - naquele tempo né?... tinha até

                   [

L1 -   a eletricidade era pouco:: relativamente pouco usada a não ser para (...)

Do conjunto das sobreposições aí examinadas, eles concluíram que (i) na maioria das vezes se tratava de um assalto ao turno; (ii) um percentual razoável das sobreposições deve-se ao monitoramento da conversação e a um cálculo errado sobre a finalização do turno; (iii)

39

a sobreposição não interrompe o fluxo da informação, antes colabora com ele, e por isso mesmo é bem tolerado ao longo da interação.

No Cap. III estudaremos o correlato sintático destas manobras; o exemplo (4) mostra que a sintaxe de L1, mesmo interrompida por L2, retoma exatamente no ponto em que tinha ocorrido a interrupção.

2.2.1.2 - Heterocorreção colaborativa, seja para agregar dados ao turno do outro (como nas linhas 28 e 35), seja para propor um termo considerado mais apropriado (como na linha 54), seja ainda para repetir o que já foi dito, numa sorte de linguagem-eco (como na linha 57). As heterocorreções nunca são "inocentes", e o que o falante busca mesmo é tomar a palavra, sob o disfarce de uma colaboração verbal.

2.2.1.3 - Aproveitamento de uma pausa ou hesitação: como já se notou no item 2.1, o silêncio é interpretado como um final de turno na conversação. Assim, qualquer pausa maior é utilizada para assaltar o turno. Em nosso texto, foi uma hesitação que animou L1 a meter sua colher, como se pode ver na linha 28. Detectada uma pausa aproveitável, o interlocutor assalta o turno a partir de várias estratégias auxiliares:

(1) Pontuando o que foi dito com uma exclamação:

(6) L1 - aí então eu disse pro médico...o senhor não está entendendo nada

$$[$$

L2   *minha nossa! você teve a coragem? sabe que outro dia em (...)*

(2) Apropriando-se do último segmento e continuando o assunto, numa sorte de fala colaborativa:

(7) L1 - aí então eu disse pro médico...

$$[$$

L2 -   *médico? você disse médico? pois é de um médico mesmo que eu estou precisando... imagine que (...)*

(3) Apropriando-se do último segmento e alternando o tópico:

(8) L1 - imagine só que coisa mais engraçada...

$$[$$

L2 -   *mais engraçada é a novidade que eu tenho pra te contar*

2.2.2 - Passagem consentida do turno

Há processos não verbais e processos verbais de passagem do turno. O processo mais habitual é de natureza não verbal, que é o olhar. Goodwin (1981) observou que o olhar é muito importante no monitoramento conversacional. Ele afirma que durante 50% do tempo fixamos o olhar no interlocutor, com concentração maior no começo e no fim da atividade. Quando a conversação está engajada, os interlocutores tendem a olhar-se menos, salvo quando querem proporcionar uma passagem consentida de turno.

Os processos verbais são os atos diretos de fala, como uma pergunta, e os atos indiretos, como aconteceu na linha 23. De todo modo, a "transição pacífica" de um turno para outro ocorre em pontos da fala que recorrem com certa sistematicidade, o que permite postular a existência do chamado *lugar relevante da transição*.

Esse ponto tem sido investigado em várias línguas, e é descrito como:

(1) Um ponto prosodicamente definido. Os foneticistas descobriram que a língua falada é composta de séries rítmicas, sendo que o final de uma série gera a expectativa da próxima série. Se ela não vem, ocorre uma pausa, cuja extensão maior sinaliza ao interlocutor que é sua vez de falar.

(2) Um ponto sintaticamente definido: segmentos completos geram no interlocutor o interesse por intervir e tomar o turno, o que demonstra que os falantes compartilham a consciência das estruturas sintáticas. Ao tratar do sistema de tomada de turnos, Sacks-Schegloff-Jefferson (1974) afirmam que *"exemplos das unidades-tipo projetam a próxima unidade-tipo"*. Isto quer dizer que os interlocutores compartilham a percepção de que o movimento verbal implica num "completamento". L1 prevê o momento em que L2 vai encerrar sua fala, e se prepara para entrar na conversação. À passagem de turno correspondem mecanismos sintáticos correlatos, que serão examinados no Cap. III.

(3) Um ponto culturalmente definido. Em cada comunidade há regras sociais que governam a passagem de turnos. Há passagens consentidas e passagens não consentidas de turno. Na passagem consentida, é o locutor que estabelece o lugar relevante da transição, escolhendo o próximo falante. Quando a atribuição do turno não ocorre, ou quando a pessoa escolhida não intervém, o locutor retoma a interação, ou qualquer um dos interlocutores se sente no direito da autoescolha.

Como se pode ver, a investigação sobre as estratégias da conversação se faz diretamente sobre os fatos, sem necessidade de um aparato teórico muito elaborado. Os argumentos acima são meramente ilustrativos, e o bom mesmo é "meter a mão na massa" e descobrir outras estratégias, ou mesmo reordená-las segundo outros critérios. Ler o que outros pensaram sobre o assunto também é bom: v., por exemplo, Galembeck-Silva-Rosa (1990).

No interior das observações acima, há outros processos conversacionais que convém detalhar: o sistema de reparação e correção, e a formação dos pares adjacentes. Vejamos o que é isso.

3. O Sistema de correção

Já se disse aqui que na LF coexistem o planejamento e a execução linguísticos no tempo real. Daí ser frequentemente necessário voltar atrás para corrigir o que foi dito. O sistema de correção é uma consequência dessa característica, e implica em eliminar os erros de planejamento – aqui não estamos falando de falhas cometidas contra a norma gramatical. É óbvio que nas entrevistas pode-se encontrar tanto uma quanto outra correção, mas neste nível de análise o que interessa é a correção do rumo da interação. Aliás, não estrague tudo começando logo a censurar os alunos por eventuais deslizes contra a norma.

Como processo alimentador da conversação, o sistema de correção pode ser visto de um ângulo pragmático e de um ângulo textual.

3.1 - Correção pragmática

Do ângulo pragmático, temos a autocorreção, acionada para abortar um ataque ao turno, ou uma heterocorreção, acionada para tomar o turno. Esses mecanismos conversacionais funcionam também para reparar as infrações na distribuição do turno – e neste caso alguns autores preferem denominá-los "reparações". Barros-Meio (1990) preveem duas situações: autorreparação, como em *"desculpe-me... falei sem parar... continuem vocês"*, ou heterorreparação, como em

(9) L1 - então eu penso que...
 [
 L2 - na minha opinião é preciso lembrar
 [

*Li - era eu quem estava com a palavra... como eu dizia... antes de ser inter-
rompido... penso que...*

A frequência estatística das auto e heterocorreções deve correlacionar-se com o tipo de diálogo. Os diálogos assimétricos exibem um número maior de autocorreções. Barros-Melo (1990) constataram que há 84% de autocorreções nesse tipo de diálogo, contra 16% de heterocorreções. Que significaria isso? Um grau maior de reflexão sobre a produção linguística própria? Mais cuidados com a imagem? Só poderemos obter a resposta quando as características conversacionais forem exaustivamente descritas em textos quantitativamente idênticos, representativos em iguais proporções das duas modalidades de diálogos. Eis aqui um bom projeto de investigações para Você e seus alunos.

3.2 - Correção textual

Do ponto de vista textual, o sistema de correção pode ser visto como um conjunto de "atos de constituição do texto falado", que vão da escolha das palavras até a organização do texto propriamente dito. E embora não se possa exagerar, dizendo que o texto falado resulta exclusivamente do sistema de correção (há, na verdade, outros mecanismos, que serão estudados no Cap. II), de todo modo ele está presente aí, desde a escolha das palavras até a organização mesma do texto. Darei disso alguns exemplos, e o leitor-pesquisador poderá aumentar o elenco:

(1) Correção da palavra truncada: na linha 39 do texto (1) vê-se que L2 se atrapalhou na designação dos sons que constituíam o teste de pronúncia: ia dizendo "efes" em lugar de "esses". Isto poderia custar-lhe uma heterocorreção, e talvez até a perda do turno. Por isso ela truncou a palavra "errada" e a corrigiu. Na linha 48, L2 ia repetindo "ele caprichava", palavra já usada na linha 43. Para preservar sua face (em nossa cultura há uma regra não escrita que condena a repetição de palavras semelhantes), ela procede da mesma forma, e seleciona "insiste". Urbano (1987) estuda o corte de palavras, entendido como o abandono de um vocábulo, seguido ou não de sua repetição. Ele observou que o falante corta as palavras quando as articula erradamente, quando hesita no planejamento sintático da sentença (por exemplo, quando substitui um verbo por outro), ou quando falha no planejamento semântico da sentença.

(2) Negações "de dicto": neste caso, a palavra escolhida foi articulada por inteiro, mas o falante a reprova e precisa substituí-la. Não podendo truncar o item, ele procede à sua negação, como se vê em:

(10) L1 - como é que se chama esse ato de passar a mão no galho?
* L2 - tem uma palavra especial viu? é::... derrear não é derrear.. uma coisa assim*
* (DID SP 18: 159).*

(3) Paráfrase: agora são sintagmas ou mesmo sentenças que não correspondem bem à direção que o falante quer imprimir à sua fala. Ele procede à correção mudando a forma e preservando parte do conteúdo. Na linha 3 do texto (1), L1 parafraseia "uma pessoa" por "um Diretor lá da Folha", e com isso informa que recebeu a incumbência de funcionário categorizado. Tanto neste quanto em outros "pormaiores" da entrevista, percebe-se o cuidado das locutoras em afirmar sua importância social. Voltarei ao problema da paráfrase no Cap. II.

O sistema de reparação e correção desempenha um importante papel no monitoramento da fala, isto é, na vigilância constante sobre a alternância dos falantes, o fluxo da informação, a reação dos participantes etc. Nunca é demais lembrar que as categorias utilizadas para designar este (e outros) mecanismos conversacionais não são excludentes. Seria impossível sustentar que uma autocorreção nada tem a ver com a paráfrase, ou mesmo deixar de reconhecer que a correção pragmática e a correção textual visam ambas a reajustar a mensagem.

4. Os Pares adjacentes

Os pares adjacentes são dois turnos emparelhados. Para alguns pesquisadores, os pares adjacentes é que constituem a unidade da conversação, e não os turnos.

Os pares mais habituais são "saudação/saudação", "pergunta/resposta", "reclamação/pedido de desculpas", "advertência/aceitação ou recusa da advertência", etc.

Por vezes, dá-se aqui o fenômeno da "preferência", quando a determinado estímulo verbal de L1, L2 corresponde com um ato de fala culturalmente esperado, e por isso mesmo estruturalmente não marcado, ou da "despreferência", quando a esse estímulo corresponde-se com um ato evasivo, negativo, inesperado, e por isso mesmo estruturalmente marcado. Um exemplo disso é responder a uma pergunta com outra pergunta, como neste par adjacente encaixado:

(11) L1 - escute... onde é que fica o Guarani?
L2 - bom... depende... onde você mora?
L1 - em Barão Geraldo
L2 - então desista... você nunca vai achar...

ou, então, quando a resposta é muito mais uma replica do que qualquer outra coisa:

(12) L1 - Com quem você saiu?
L2 - credo... mas você enche... não?

Marcuschi (1986: 50) lembra que na cultura brasileira um convite para almoçar ou para entrar na casa de um amigo gera normalmente um par adjacente com despreferência, sobrevindo a preferência somente se quem fez o convite voltar a insistir.

Urbano-Fávero et alii (1993) identificaram dois tipos de par adjacente pergunta/resposta:

4.1 - "Perguntas de <u>sim</u> ou <u>não</u>, também conhecidas por perguntas <u>fechadas</u>", como em:

(13) Doc. - você comeu muito brigadeiro?
Inf. - NÃO... (DID SP 234: 127-130).

No Português, habitualmente respondemos a esse tipo de pergunta com o mesmo verbo da interrogativa:

(13a) Doc. - você comeu muito brigadeiro?
Inf. - comi.

A denominação "fechada" vem do fato de que a informação vem na pergunta, não na resposta.

4.2 – "Perguntas sobre <u>algo</u>, também denominadas perguntas <u>abertas</u> ou de busca de informação nova", como

(14) Doc. - e onde é que as bailarinas se trocavam se maquiavam?
Inf. - tem os camarins (...) (DID SP 234: 287-289).

Essa pergunta é "aberta" porque a informação vem na resposta, não na pergunta.

Os Autores lembram que as perguntas abertas são iniciadas pelos marcadores ou pronomes interrogativos *onde, quando, quem, de quem, como, que,* etc. Sendo vazios de sentido, tais pronomes funcionam como catafóricos, cabendo ao interlocutor responder com expressões plenas de sentido:

(14a) Doc. - e onde é que as bailarinas se trocavam se maquiavam?
Inf. - nos camarins.

A esses dois tipos, Mira-Mateus et alii (1987: 371) acrescentam as

4.3 - Perguntas "tag", em que o verbo da interrogativa é repetido, precedido porém da negação, ou é seguido de expressões negativo-interrogativas:

(15) Vocês se lembram, não se lembram?
Vocês se lembram, não é verdade?
Vocês se lembram, não é assim?
Vocês se lembram, não é?
Vocês se lembram, não?

É evidente que nas conversações espontâneas esses tipos de perguntas se combinam de vários modos, como Urbano-Fávero et alii (1993) demonstraram em seu trabalho. Ver, ainda, Fávero-Andrade-Araújo (1996).

A observação dos pares adjacentes aponta para uma sorte de "subordinação pragmática", pois a ocorrência de um turno-pergunta obriga a que ocorra um turno-resposta, que depende do primeiro. Não há, como no domínio da Sintaxe, conectivos ou outros dispositivos formais que assinalem a subordinação, mas a relação de dependência, ainda que firmada no domínio da interação, está aí presente, e isso não pode deixar de ser notado.

5. Os Marcadores conversacionais

Você deve ter notado nos exemplos acima que recursos prosódicos tais como pausas, articulação enfática, alongamentos, certos itens lexicais e pré-lexicais, ou mesmo expressões mais complexas recorrem com certa frequência, funcionando como articuladores da conversação. Convencionou-se chamá-los *marcadores conversacionais* (= MC).

Parcialmente descritos na Gramática Tradicional como "palavras expletivas ou denotativas", "expressões de realce", "palavras de difícil classificação" e na Análise da Conversação como "organizadores globais", podemos entendê-los como segmentos (i) sintaticamente independentes do verbo (ii) constantes de um ou de mais de um item lexical, ou mesmo de expressões não lexicais, (iii) funcionando no monitoramento da conversação e na organização do texto, (iv) distribuídos no início, no meio ou no final da unidade de análise (= turnos, pares adjacentes, unidades discursivas). Os MCs, em suma, verbalizam o monitoramento da fala, sendo frequentemente vazios de conteúdo semântico, portanto, irrelevantes para o processamento do assunto, porém altamente relevantes para manter a interação.

Há uma quantidade razoável de trabalhos sobre os MCs, ilustrando abordagens muito diversas. Parece que os primeiros trabalhos foram os de Beinhauer (1964), que os batizou indevidamente de "muletillas conversacionales", e Keller (1979), que estudou os "gambits" do inglês.

Marcuschi (1989) escreveu o primeiro estudo longo sobre os MCs no Português do Brasil. Encontra-se ali a sugestão de um plano sistemático de observações sobre os MCs, no qual se poderia considerar (1) as classes que assumem esse papel, (2) sua distribuição no enunciado, (3) suas funções.

5.1 - Classes que atuam como MCs

Recursos prosódicos, expressões pré-lexicais e lexicais são acionados na marcação conversacional.

(1) Marcadores prosódicos: como vimos na análise anterior, alongamentos, pausas, mudança de tessitura e de velocidade da fala – só perceptíveis, obviamente, se se ouvir a gravação – servem aos propósitos de gerenciamento da interação verbal.

(2) Marcadores não lexicais: expressões como *"ah"*, *"ih"*, *"hm hm"*, etc., desempenham igualmente papéis de MCs.

(3) Marcadores lexicais: para que um item lexical funcione como MC ele deverá dispor de determinadas propriedades semânticas. Uma leitura de Marcuschi (1989: 294, item b; 299, itens b e c) evidencia que são candidatos a MCs os itens semanticamente fóricos ("bidirecionais", em sua terminologia) e dêiticos de tempo e de lugar (especificando, neste

caso, o tempo e o lugar do discurso). Isso mostra que se requer certa multifuncionalidade para que um item se candidate a MC. Deve ficar claro, também, que não há classes gramaticais específicas para os marcadores conversacionais, e sua ordenação num quadro analítico dependerá dos critérios que estão sendo adotados. No exemplo (1), atrás examinado, palavras isoladas como *agora, então, aí, mas*, etc., funcionam como MCs. Ilari-Geraldi (1985) enumeram os advérbios de enunciação, os verbos e os adjetivos. De todo modo, deve-se notar que os itens lexicais que funcionam como MCs são itens plenos, cujo sentido foi alterado, passando de um sentido mais concreto para um mais abstrato. Assim, um verbo como *olhar*, que pode organizar uma sentença (como em *"O aluno olhou a prova do vizinho"*), ao operar como marcador (como em *"olha I... como você sabe..."*) adquire um sentido mais interacional, algo como *"preste atenção ao que vou dizer"*. O mesmo se pode dizer de expressões como *agora, logo*, que na conversação perdem o sentido dêitico de tempo e de lugar, assinalando o tempo do desenvolvimento do discurso, ou o lugar em que aí se ordenam os argumentos.

5.2 - Distribuição dos MCs

Esse estudo dependerá do recorte que estamos considerando. Assim, pode-se observar a distribuição dos MCs nos turnos, nos pares adjacentes, ou nas unidades discursivas.

Partindo destas unidades, nota-se que há MCs iniciais, mediais e finais: v. a transcrição textual do D2 SP 333, no capítulo seguinte. Entre os mediais, são frequentes aqueles marcadores epilinguísticos, como *digamos*, por exemplo. Entre os finais, predominam os fáticos, como *entende?, sabe?, viu?, entendeu?*, etc., e os delocutivos, como *falô*, aos quais Ilari (1986b) dedicou um estudo.

5.3 - Funções dos MCs

Urbano (1993) destaca inicialmente a percepção pioneira de Manuel Said Ali Ida, propondo duas grandes funções, que serviriam para classificar os MCs em (i) Marcadores linguísticos (verbais e prosódicos) e (ii) Marcadores não linguísticos (olhar, riso, expressão corporal).

Marcuschi (1989) reconhece dois grandes tipos funcionais de MCs: (i) marcadores pragmáticos, orientados para a interação verbal, (também conhecidos como fáticos, ou como "marcadores interpessoais", segundo Castilho (1989b)), e os (ii) marcadores textuais, orientados para a organização do texto ("marcadores ideacionais", para Castilho (1989b)). Por intermédio dos <u>marcadores pragmáticos ou interpessoais,</u> monitoramos a conversação, manifestando a intenção de iniciar um papo (*"e aí?"*, *"tudo bem?"*), cobrando a colaboração do outro (*"não é? / né?"*, das linhas 28, 43, 48, 49, 58; *"olha"*, da linha 3, *"sabe?"*, *"entende?"*, *"compreende?"*, etc.), assinalando o assentimento em prosseguir (*"Born"*, *"bem"*). Alguns desses marcadores são pré-lexicais, como os preenchedores *"ah"*, *"eh"*, *"uhn uhn"*, etc. Por meio dos <u>marcadores textuais ou ideacionais,</u> iniciamos um tópico (*"bom, é o seguinte"*), recusamos um tópico novo (*"essa tido"*, *"sem essa"*), aceitamos um tópico novo (*"tá bom"*, *"vamos lá"*), subdividimos o tópico em subtópicos (*"inicialmente"*, *"primeiramente"*, *"em segundo lugar"*, *"em seguida"*), expandimos o tópico (*"e além disso"*, *"e além do mais"*, *"e tem mais"*, *"outra coisa"*), sequenciamos os tópicos (*"então, "e aí", "agora"*" [dito em tom descendente]). Outro subconjunto de marcadores textuais são os que modalizam os tópicos, asseverando (*"é"*, como nas linhas 41, 51, 55, 59, *"é claro"*, *"exato"*, *"tá"*) ou atenuando (*"eu acho que"*, *"o que me parece"*), como na linha 5 (*"pode ser"*, *"possivelmente"*, *"provavelmente"*, etc.).

Macedo e Silva (1987) falam em Marcadores Esclarecedores (*"- quer dizer"*), de Apoio (*"né"*?, *"tá"*?), Redutores (*"assim"*, *"eu acho"*), Preenchedores de Pausa (*"bem"*, *"ahn"*), Resumidores (*"coisa e tal"*, *"papapá"*), Iniciadores (*"bom"*, *"uhn"*), Finalizadores (*"então tá"*, *"não é mesmo"*?) e Argumentadores (*"sim mas"*, *"pra mim"*). Rosa (1990) concentra-se nos Marcadores de atenuação, que subdivide com base em critérios formais e funcionais em Marcadores de Distanciamento (*"parece"*, *"é possível que"*, *"diz[em] que"*), Marcadores de Opinião (*"acho que"*, *"creio que"*, *"tenho a impressão"*), Hedges (*"digamos"*, *"sei lá "não sei"*, *"possivelmente"*, *"provavelmente"*, *"talvez"*, *"de certa maneira"*) e Marcadores de Rejeição (*"não que eu saiba"*, *"se não me engano"*). Risso-Silva-Urbano (1996) discutem os traços definidores dos MCs.

Como se pode ver, flutuam bastante os critérios de ordenação dos marcadores. Vários autores confluem na proposta de uma sorte de classificação genética, que leva em conta os momentos da conversação: a iniciação (*"oi, tudo bom?"*, *"escuta"*, *"viu?"*, *"vem cá"*, *"seguinte:"*, etc.), a manutenção (*"e tem mais"*, *"peraí"*, etc.) e o encerramento (*"e coisa e tal"*, *"sei lá "tá bom"*, *"OK"*, *"valeu"*, *"falô"*, etc.). De todo modo, é evidente que os MCs são multifuncionais, exercendo simultaneamente o papel de organizadores interacionais e de organizadores textuais.

Ora, Você que passou sua vida decorando classificações dos outros, solte a imaginação e proponha alguns quadros próprios! Que tal começar pelo critério social? Teríamos aí alguma coisa como "marcadores joviais". Pode ser uma boa, *pô!* Ou então, meta a cara na geografia, e vá sacando os marcadores sulistas, *tchê*, os nordestinos, *oxente!* Mas se quer uma coisa mais formal, ataque os marcadores de acordo com sua distribuição no enunciado, e vá listando os iniciais, os mediais e os finais. Ah sim, não se esqueça de dizer o que Você entende por "enunciado"! Mas se ficar desanimado (não creio), divirta-se identificando os critérios nem sempre explícitos que subjazem (epa!) aos quadros daqueles mortais que, antes de Você, meteram a cara nesta selva.

Em suma

Muito bem, agora Você já pode ter-se dado conta de que a conversação é uma vasta área a explorar. Conversas há por todo lado, e como já disse Fernando Tarallo, referindo-se aos dados linguísticos, "o dado é dado". Então, reúna seus alunos ou seus amigos e saia por aí gravando. Faça isso no recreio, em casa, nas feiras livres, nos estúdios de futebol. Não custa nada! Depois, transcreva a fita, "negociando" com seus alunos-pesquisadores o melhor processo de fixar no papel o que foi dito. Aproveitando o mesmo assunto, proponha-lhes refazer essas conversações, transpondo-as para situações mais formais. Depois, peça que eles reescrevam os trechos narrativos contidos nas transcrições, exercitando sua LE. Confronte a versão falada com a escrita e debata com a classe sobre as diferenças e as similitudes entre uma modalidade e a outra.

Feito isso, Você já merece os parabéns, pois agora dispõe de um *corpus* de pesquisa! Planeje diferentes abordagens desses materiais. Para não se perder, estabeleça um plano prévio de explorações. Enriqueça as observações contidas neste capítulo com Marcuschi (1986), Preti-Urbano (Orgs. 1990) e Preti et alii (Orgs. 1993). Se quiser ler mais algumas coisas, há indicações na Bibliografia.

Na hora em que tudo isto começar a chatear, faça como nas receitas culinárias: "reserve" o corpus levantado e abra um novo campo de interesse, o estudo do texto falado. Estamos chegando ao Cap. II.

Para passar a esse capítulo, vamos nos conscientizar de que ao longo de uma conversação estamos criando um texto. As seguintes propriedades da conversação permitem preparar um plano para o estudo do texto:

(1) Turnos e pares adjacentes são as unidades da conversação. Reunindo-se os turnos tematicamente centrados, identificaremos as "Unidades Discursivas", que são as unidades do texto. A cada Unidade Discursiva corresponde um Tópico Conversacional. Um texto é uma soma de Unidades Discursivas, reunidas por meio de processos coesivos. Observadas em sua sequência, as Unidades Discursivas organizam a hierarquia tópica do texto.

(2)O sistema conversacional de correção tem por correlato textual os processos de reconstrução, como a repetição e a paráfrase, e os de descontinuação, como a digressão e os parênteses.

(3)Os Marcadores Conversacionais orientados para a organização do texto funcionam como conectivos textuais, que associam as Unidades Discursivas. Muitos desses conectivos ligam também sentenças.

O quadro-resumo acima nos fornece um roteiro para o estudo do "texto falado". Vamos a ele!

capítulo II

o texto

0. INTRODUÇÃO

Venho sustentando neste trabalho que é mais produtivo desenvolver reflexões sobre o sistema gramatical de uma língua começando o percurso pelo sistema discursivo-textual, numa caminhada que vá (i) da identificação dos processos conversacionais (ii) para a identificação dos processos de construção do texto, e destes (iii) para a identificação dos processos de construção das sentenças. Neste capítulo, trato do segundo passo desse percurso. Para esquentar o seu motor, vá lendo Fávero-Koch (1983), Koch (1989), Koch-Travaglia (1989, 1990), Koch (1997).

0.1 - Processos constitutivos do texto

Vou entender o texto como o produto de uma interação, que pode ser do tipo "face a face", como na LF, ou do tipo "interação com um interlocutor invisível", como na LE. De qualquer forma, em nosso uso diário da língua estaremos sempre produzindo textos, mesmo sem o saber – como era o caso daquela personagem que não sabia que falava em prosa!

Para produzir textos, ativamos recursos linguísticos adquiridos na infância: a LF em nosso meio familiar, e a LE na escola. Vamos admitir que esses recursos se dispõem naqueles módulos sobre os quais andamos conversando no item 2.1 da Introdução: o Discurso, a Semântica e a Gramática, mediados pelo Léxico. Quando Você fala ao telefone, ou no ponto de ônibus, ou quando escreve uma carta, está operando com essa parafernália toda.

Uma boa pergunta é como conseguimos operar simultaneamente esses três módulos, produzindo textos. Se Você fez essa pergunta, parabéns! Agora, difícil mesmo é dar uma resposta satisfatória, para a qual teremos de criar algumas hipóteses sobre os processos constitutivos da língua. Este é um domínio de postulações teóricas, visto que tais processos não são evidentes, e deles apenas poderemos recolher evidências indiretas. As descrições da LF fornecem excelentes pistas para essa tarefa de detetive.

Vou acompanhar com pequenas alterações as principais afirmações de Nascimento (1993), num momento em que esse linguista refletia sobre o conjunto dos ensaios produzidos pelo Projeto de Gramática do Português Falado. Ao mesmo tempo, estarei reformulando a Teoria Modular da língua tal como apresentada no item 2.1 da Introdução. Diz Mílton do Nascimento:

(1) A língua é uma atividade, uma forma de ação que se manifesta em toda sua plenitude no texto.

(2) Para pôr em ação a língua, o falante/ouvinte opera sobre os módulos discursivo, semântico e gramatical, mediados pelo Léxico. Metendo minha colher torta nessa teoria, vou atribuir ao Léxico um papel central. Essa colher não tem nada de original, pois o Léxico é reconhecido em várias teorias linguísticas como uma sorte de componente central. Quer dizer, o ofício de criar um texto é um ofício de reunir palavras. Mas o Léxico não é uma mera lista de palavras. É um conjunto de <u>itens dotados de propriedades semânticas e gramaticais,</u> propriedades essas que são alteradas ou confirmadas no momento da interação discursiva.

(3) No coração da capacidade linguística está alojada uma espécie de "programa computacional", pré-verbal, alimentado pela continuada análise da situação discursiva em que o falante/ouvinte está operando. O módulo do Discurso, portanto, tem um estatuto diferenciado em relação ao da Semântica e ao da Gramática: o Discurso não é um "módulo de saída" das expressões, e sim o lugar em que se tomam decisões sobre como operacionalizar as propriedades gramaticais e semânticas das palavras. Admitirei que esse programa discursivo-computacional faz a mediação entre o Léxico, concebido como um ponto de partida da língua, e a Semântica e a Gramática, concebidas como pontos de chegada. No momento da interação, tomamos decisões sobre como administrar o Léxico, que palavras escolher, que propriedades suas ativar. Essa administração configura um conjunto de momentos mentais, no sentido etimológico de "movimentos". Três conjuntos simultâneos de instruções, três momentos ou processos discursivo-computacionais podem ser aí identificados: a *ativação*, a *reativação*, e a *desativação*. O que se está ativando/ reativando / desativando? As propriedades semânticas e gramaticais do itens lexicais, referidas acima.

Gostaria de insistir em que esses três momentos não se situam linearmente uns depois dos outros, mas, ao contrário, atuam simultaneamente. Apenas por um esforço de clareza é que vamos separá-los, postulando que a construção dos textos e das sentenças deles decorre. Teremos, portanto, a construção por ativação, por reativação e. por desativação de propriedades lexicais.

Se esta hipótese for verdadeira, teremos de admitir que nosso cérebro não processa a língua num ritmo unilinear, aplicando instruções sequenciadas. Ao contrário, ele deve ativar *ao mesmo tempo* conjuntos de regras semânticas e gramaticais, avançando, voltando atrás, e até mesmo abandonando atividades de processamento que estavam em pleno curso. Neste e nos próximos capítulos exemplificarei como tais processos constituem o texto e a sentença.

A *construção por ativação* é o processo central de constituição da língua, seja falada, seja escrita. Através dele, selecionamos as palavras, com elas organizamos (i) o texto e suas unidades, (ii) as sentenças e suas estruturas sintagmática, funcional, semântica e informacional, (iii) dando-lhes uma representação fonológica, administrando assim uma bateria de regras.

A construção na LF não é um processo único, pois com frequência retomamos o tópico conversacional para refazê-lo, para descontinuá-lo, para interpolar outros tópicos, ou para omitir aqueles pragmaticamente considerados desnecessários. Esses procedimentos, documentáveis tanto no texto quanto na sentença, dão lugar à *construção por reativação*, que é uma sorte de "processamento anafórico", por meio da qual voltamos atrás, retomando e repetindo formas, ou repetindo conteúdos. A repetição, ou recorrência de expressões, e a paráfrase, ou recorrência de conteúdos, são as duas manifestações da construção por reativação.

A *construção por desativação* é o processo de ruptura na elaboração do texto e da sentença, de que resultam o abandono de segmentos textuais, as digressões, os parênteses, e, no domínio da sentença, a ruptura da adjacência por meio de pausas, de hesitações, de inserção de elementos discursivos, etc. Também as elipses, e os anacolutos são fenômenos sintáticos atribuíveis à desativação.

Neste e nos próximos capítulos, procurarei demonstrar como atuam esses processos, pois estou hipotetizando que eles se constituem em mecanismos suficientemente fortes para revelar a maquinaria de constituição do texto e da sentença. Para avançar na demonstração dessa hipótese, precisarei detalhar um pouco mais como estou concebendo o Léxico. Precisarei, também de uma teoria auxiliar, a Teoria da Articulação Tema-Rema, que possa dar conta do mecanismo de construção dos arranjos discursivos encontrados nos textos, dos arranjos gramaticais encontrados na sentença, e dos arranjos semânticos encontrados nos dois. Assim, paciência, mas ainda não poderemos sair correndo do lance teórico, mergulhando com gosto nos dados que transbordam de nossas entrevistas!

Ora, se a construção do texto e da sentença tem seu ponto de partida no Léxico, nas palavras, será necessário estabelecer como elas serão tratadas aqui. Vou admitir que há uma hierarquia entre as palavras, na qual distinguirei (1) as palavras principais, ou categorias maiores, como o Nome, o Pronome, o Verbo, (2) as palavras acessórias ou categorias intermediárias, como o Adjetivo e o Advérbio, e (3) as palavras gramaticais ou categorias menores, como a Preposição e a Conjunção. Uma propriedade semântica autoriza essa ordenação: as palavras principais são plenas ou autossemânticas, ao passo que, no outro extremo, estão as palavras-forma, ou sin-semânticas. Estudos sobre a gramaticalização das palavras agregam outro argumento a favor da hierarquia mencionada acima, e é que se comprovou que nos processos de recategorização dos itens é muito significativa a mudança *palavras principais > palavras acessórias > palavras gramaticais*. Elaborei um pouco mais tudo isso em Castilho (1997a).

A Teoria da Articulação Tema-Rema foi desenvolvida pelos linguistas da Escola de Praga para explicar a estrutura informacional da sentença. De acordo com ela, "todo ato de comunicação bem sucedido consiste em duas realizações: (i) destacar um objeto de predicação, (ii) predicar sobre esse objeto": Ilari (1986: 36). Dito de outra maneira, "toda oração serve para realizar duas ações básicas e irredutíveis, que descrevemos na linguagem de todos os dias mediante os predicados 'falar de' e 'dizer que': o primeiro desses predicados capta o papel de tópico (=Tema), e o segundo o papel de foco (=Rema). Toda sentença envolveria, em suma, dois 'atos de fala', cada um dos quais obedece a condições específicas": (ibidem, 42). Mais além, Ilari esclarece o que está entendendo por "atos de fala": "conquanto, nessa análise de atos de fala, as duas expressões 'falar a respeito de' [= Tema] e 'dizer que' [=Rema] devam ser consideradas como primitivas (no sentido de que não se deixam definir por outras expressões mais básicas), cabe perguntar que tipo de ação verbal representam: trata-se num caso de uma 'ação de referência', e no outro, de uma 'ação de asserção ou informação'": (ibidem, 178).

Não há lugar aqui para resenhar o vasto debate que se seguiu às afirmações acima. No capítulo seguinte, veremos sua aplicação no domínio da sentença, para o qual a teoria foi concebida. Por ora, gostaria de sustentar que ela explica *também* a construção do texto. Isto é, também no texto temos um Tema, ou ponto de partida, que é dado pelos Marcadores Conversacionais orientados para o texto, na LF, (e pelo parágrafo de abertura, na LE), e um Rema, ou exploração desse ponto de partida, por meio de sentenças "tematicamente centradas", isto é, aquelas que contribuem para o andamento do assunto.

É claro que esta percepção expandida de Tema e Rema implicará em sua reformulação. O Tema da sentença é um ponto de partida sintático, geralmente preenchido por uma expressão referencial, ou por um verbo apresentacional. O Tema do texto é um ponto de partida discursivo, vale dizer, interacional, assumindo uma dimensão pragmática. O Rema da sentença é uma expressão predicativa, por meio da qual atribuímos propriedades ao Tema. O Rema do texto é o conjunto das sentenças tematicamente centradas. Segundo esta percepção, Tema e Rema teriam propriedades recursivas, suficientemente fortes para constituir expressões linguísticas de vários níveis. Ora, nada melhor que a recursividade para comprovar que determinado princípio se revestiu da necessária generalidade, para assumir um papel explanatório nas reflexões linguísticas.

0.2 - A transcrição textual

Passo a explorar essas ideias em nossos dados. Para que isso fique claro, precisarei dispor de uma transcrição textual. Vou retomar, para isso, uma afirmação constante da Introdução deste livro, segundo a qual a transcrição institui a LF como um objeto de estudos. Assim, se quisermos estudar o texto produzido por LI e L2 na entrevista D2 SP 333, transcrita conversacionalmente no capítulo anterior, precisaremos dar-lhe uma nova fisionomia gráfica, que evidencie suas propriedades textuais.

Vamos dividir o papel em três colunas: (i) na Margem Esquerda transcreveremos os Marcadores Conversacionais orientados para o texto, bem como as sentenças irrelevantes para a elaboração do Tópico discursivo; (ii) no Núcleo, transcreveremos as sentenças relevantes para a elaboração do Tópico discursivo, e (iii) na Margem Direita transcreveremos os Marcadores Conversacionais orientados para o falante.

Assim procedendo, obteremos os seguintes resultados:

(1) Transcrição textual do D2 SP 333: 1-20.

MARGEM ESQUERDA	NÚCLEO	MARGEM DIREITA
(A) Olha I... eu... como Você sabe	*(1) u::ma pessoa um Diretor lá da Folha... certa feita me chamou...*	
	(2) e me incumbiu de escrever sobre televisão	Ø
(B) o que me parece é que	*(3) na ocasião... quando ele me incumbiu disso...*	
	(4) ele pensou...	
	(5) que ele ia::... ficar em face de uma recusa...	
	(6) e que eu... ia esnoBAR ((ri))	Ø
(C) – agora	*(7) vamos usar um termo...*	
	(8) que eu uso bastante	
	(9) que todo inundo usa muito	Ø
(D) Ø	*(10) eu iria esnobar a televisão...*	
	(11) como todo intelectual realmente esnoba...	Ø
(E) mas acontece que	*(12) eu já tinha visto durante muito tempo televisão...*	
	(13) porque:: houve uma época na minha vida	
	(14) que a literatura:: me fazia	
	(15) prestar muita atenção...	
	(16) e eu queria era uma fuga...	Ø
(F) então	*(17) a minha fuga... era deitar na cama...*	
	(18) ligar o receptor...	
	(19) e ficar vendo...	
	(20) ficar vendo...	Ø
(G) e:: aí	*(21) eu comecei*	
	(21) a prestar atenção naquela tela pequena...	
	(23) vi...	
	(24) não só que já se fazia muita coisa boa	
	(25) e também muita coisa ruim	*é claro*

(H) mas	(26) vi também todas as possibilidades...	
	(27) que aquele veículo ensejava	
	(28) e que estavam ali laTENtes	
	(29) para serem aproveitados	
(1) agora...	(30) voCÊ.., foi dos tempos heroicos... da mencionada luta	Ø

No exemplo (1), as letras maiúsculas entre parênteses identificam as Unidades Discursivas (UDs), que serão comentadas a seguir. Os números arábicos entre parênteses identificam as sentenças tematicamente centradas. Sempre que deixou de ocorrer um marcador inicial ou final, assinalei o fato com o símbolo [Ø] Observe que as indicações "LI" e "L2" foram omitidas. Como o texto vai sendo construído "a duas mãos", esses sinais se tornam irrelevantes na transcrição textual. Além do mais, eles se prestam à identificação dos turnos, que são as unidades da Conversação, porém não necessariamente do texto.

Do ponto de vista da Articulação Tema-Rema, pode-se reconhecer que o Tema da Unidade Discursiva (A) são os Marcadores por meio dos quais se chama a atenção da interlocutora, fazendo ao mesmo tempo apelo a conhecimentos compartilhados sobre o Tópico conversacional. O Rema, constante de três sentenças, traz os primeiros elementos com que a locutora pretende responder à pergunta que lhe foi formulada a respeito de televisão. Em (B), o Tema foi uma modalização do Rema, dada pelo verbo epistêmico *"o que me parece [é que]"*. Marginal na organização do Discurso, esse verbo é central na Sintaxe, enquanto nucleador de uma sentença matriz, que subordina a encaixada que se segue. Esta pequena observação mostra, uma vez mais, (i) que "o ponto de vista cria o objeto", e, portanto, um mesmo recorte de língua pode ser focalizado de diferentes ângulos, (ii) que não há relações de determinação entre a Gramática e o Discurso. Finalmente, em (C), o Tema é organizador textual *agora*, que sequencia os eventos do texto, situando o que se segue em relação ao que precede. Então ficamos nisto: o Tema textual é a expressão usada para iniciar uma UD, não devendo ser confundido com o Tópico Conversacional, que é o assunto dessa UD; para que uma expressão possa atuar como Tema textual, é necessário que ela tome como escopo as expressões do núcleo.

Se apagarmos os Marcadores discursivos, constantes da primeira e da terceira colunas, obteremos um recorte muito próximo da LE. Isso mostra a relevância dos materiais aí recolhidos para o entendimento de como funciona a LF. Eles representam, por assim dizer, os andaimes da construção, que é dada pela coluna nuclear. A LF é isso aí: um prédio em que se podem surpreender os artefatos usados em sua construção. Muitos desses artefatos são apagados na LE. Uma das consequências desta constatação tão simples, é reconhecer que muito da tradição ocidental de reflexão linguística ficou pela metade, por assentar-se na LE. Se quisermos responder à pergunta "quais são os processos constitutivos das línguas naturais?", a observação estrita dos registros escritos será limitadora. A Linguística contemporânea tem pela frente um vasto trabalho de enriquecimento dessa reflexão, incluindo nela o que se aprende ao analisar a LF. Desde a primeira página deste livro estou te convidando a não perder esse avião. Ou será que Você vai continuar preferindo andar de carro-de-boi?

Vamos agora verificar o que transcrições como a do exemplo (1) podem nos mostrar sobre a constituição do texto falado. Para isso, dividi este capítulo de acordo com os três processos constitutivos da língua, aplicando-os ao estudo do texto: (1) construção do texto por ativação, (2) construção do texto por reativação, (3) construção do texto por desativação. Gostaria de insistir em que esses processos são simultâneos, não sequenciais. Entretanto, vou tratá-los separadamente, pois não custa nada seguir o sábio conselho de Jack, o Estripador: "vamos por partes"... Outro cuidado preliminar: vou seguir Jubran et alii (1994), quando sustentam que *"o interacional é inerente ao linguístico (...), a interação verbal resulta do exercício de uma competência comunicativa que se concretiza por meio de textos"*. Por outras palavras: Linguística do Texto Falado sem Análise da Conversação? Nada feito! Analogamente, Sintaxe da Sentença sem Linguística do Texto Falado? Nem pensar!!

1. Construção do Texto por Ativação

Vimos no capítulo anterior que o <u>turno</u> é a unidade da Conversação. A unidade do texto falado é a <u>Unidade Discursiva,</u> a que corresponde o parágrafo, na LE. Não vamos nos esquecer de que uma decisão preliminar à reflexão linguística é sempre a de estabelecer o recorte que vai ser examinado, e a unidade que aí está representada.

Para ver como essa unidade – e, por via de consequência, como o próprio texto é construído –, considerarei neste item os seguintes aspectos: (1) as unidades discursivas, (2) a hierarquia tópica, (3) os conectivos textuais. A ativação das palavras principais e acessórias dá conta dos aspectos 2 e 3. A ativação das palavras gramaticais dá conta do aspecto 3. Reconheço que um texto representa uma realidade demasiado complexa para ser apreendida por esses itens apenas. Ficaram de fora as propriedades textuais de coesão e coerência, e a tipologia textual, sobre quê serão feitas referências muito de passagem. Encare estas lacunas como desdobramentos que Você mesmo poderá empreender, pesquisando sozinho, com seus colegas, ou com seus alunos. Liberte-se! Transforme Você mesmo em seu gramático ou linguista preferido!!

1.1 - A Unidade Discursiva

A questão das unidades discursivas não é nova, e tem recebido diferentes tratamentos e diferentes designações: "pedaços do enuncia-do" em Gumperz, "unidade da informação" em Halliday, "unidades de ideia" em Chafe, "unidades comunicativas" em Gülich e Rath, apud Marcuschi (1983; 1986: 61; 1989).

Neste trabalho, vou reconhecer que a UD *"é um segmento do texto caracterizado (i) semanticamente, por preservar a propriedade de coerência temática da unidade maior; atendo-se como arranjo temático secundário ao processamento de um subtema, e (ii) formalmente, por se compor de um núcleo e de duas margens"*: Castilho (1989b: 253). A cada Tópico Conversacional corresponde uma UD, que é sua manifestação formal.

No exemplo (1), foram identificadas nove Unidades Discursivas. Antes de elaborar um pouco mais sobre isto, vejamos outro exemplo, agora produzido por um falante carioca, entre 25 e 35 anos, que discorre sobre profissões e ofícios.

(2) DID RJ 18

Doc.: Que influências Você recebeu para escolher sua profissão?

(A) ah...	(1) isso evidentemente que influenciou	entende?
	(2) ainda mais porque nós somos israelitas	entende?
(B) quer dizer... então	(3) é um tipo de cultura muito diferente	sabe?

	(4) são uns valores completamente diferentes	
	(5) é um negócio muito diferente	
	(6) só vivendo mesmo	
	(7) é que você vê	entende?

Doc.: O fato de Você ser israelita marca muito Você?

(C) Ø	(8) não... não... porque eu não frequento esse troço	
	(9) acho o maior saco... maior mentira	pô!
	(10) sou um judeu mão-aberta paca	sabe?

Doc.: Que Você acha das pessoas falarem certo ou errado?

(D) é o tal negócio...	(11) eu não sei	entende...
	(12) esse troço é complicado	
	(13) eu não sei	Ø
(E) espera aí deixa eu ver uma coisa.. eu acho o seguinte.	(14) a gente está falando hoje em dia muito mais gíria do que... do que do português propriamente... do que o... camoniano	entende... né... entendeu?
	(15) eu acho que isso em l qualquer nível	entendeu?
(F) acho que... é claro que...	(16) você pode tirar uma...	é...
	(17) fazer uma amostragem num... num grupo uni/... de nível universitário...	Ø

Doc.: Você podia contar sua experiência em relação ao ensino de Português?

(G) bom...	(18) só tinha uns babacas lá... umas bestas....	sabe...
	(19) os professores eram umas bestas...	pô
	(20) estavam completamente por fora	
	(21) Øumas redações imbecis...	

	(22) aquele negócio supervelho e tradicional de redação chata	*entende...*
	(23) aquela análise sintática que eu nunca soube direito	
	(24) que todo ano mudava	*entende...*
	(25) cada ano era...	
	(26) tinha uma regra	*pó... entende?*
	(27) nunca deu	
	(28) para saber	*pô*
	(29) eu me amarrava naquele negócio de sinônimo e antônimo	
	(30) isso eu achava bacana	*entendeu?*

Algumas observações bastante intuitivas podem ser formuladas aos dois exemplos acima transcritos:

(1) Fica evidente o critério semântico da segmentação adotada. A identificação das UDs corresponde a uma compreensão do texto, dentre outras possíveis. Isso implica em reconhecer que um mesmo texto pode receber mais de uma interpretação semântica. De fato, a interpretação semântica de um texto decorre dos sentidos das palavras, do significado das sentenças (que resulta da composição dos sentidos das palavras), e das significações discursivas que os locutores lhe vão atribuindo (que resulta dos implícitos e das pressuposições), à medida que progride a interação. Por outras palavras, enquanto falante/ouvinte de uma língua natural, Você e seu interlocutor não são robôs que andam por aí codificando/descodificando automaticamente, sempre do mesmo modo, as mensagens "empacotadas" em recortes de língua. Diante desses recortes, o locutor desenvolve estratégias interpretativas próprias, que não precisam necessariamente coincidir com as de seu interlocutor. A UD, portanto, é uma unidade problemática, não categórica, e não pode ser assimilada às unidades do sistema gramatical e fonológico, tais como os morfemas e os fonemas, concebidos por seus contrastes e oposições com outras unidades, sujeitos, portanto, a uma identificação mais controlada. Em consequência, quando Você fizer exercícios de identificação de UDs, não se espante se não houver acordo quanto ao lugar em que Você, investido nas funções de Jack, o Estripador, passou sua navalha. A ambiguidade das línguas naturais aparece aqui com toda a sua força. É evidente que algumas marcas formais, tais como os Marcadores Conversacionais, oferecem pistas para essa identificação. Mas não vá se

fiando muito nessa colher de chá! E aprenda a conviver com posições diferentes da sua, desde que fundamentadas em boa argumentação.

(2) As UDs mostram diferentes graus de complexidade. Há UDs em que as margens vêm sempre preenchidas, como aconteceu com o rapaz que produziu o texto (2). Já as senhoras que compuseram o texto (1) foram bastante econômicas neste particular. O mesmo se pode notar inspecionando as sentenças que figuram no Núcleo. Alguns falantes "soltam" sentenças canônicas, outros dão preferência a sentenças inacabadas, ou então sentenças nominais, sem verbo. Esse fato aponta para os diferentes graus de planejamento da fala: quanto mais planejada a interação, tanto mais complexas são as UDs.

(3) Note, por fim, que as margens das UDs são assimétricas quanto à quantidade de material linguístico que exibem. Os Marcadores Conversacionais da esquerda, além de mais frequentes, são funcional e formalmente mais complexos do que os Marcadores da direita. Este é um fenômeno previsível, pois para antecipar ao interlocutor instruções sobre a organização que ele está imprimindo ao seu texto, o locutor lança mão de recursos que não poderiam ser linguisticamente simples.

Sumarizando: (i) O núcleo da UD é ocupado por segmentos anacolúticos e por uma ou mais de uma sentença centradas em determinado assunto, reconhecível pelos interlocutores. "Assunto", "Tópico Conversacional" são expressões sinônimas. A cada Tópico Conversacional corresponde uma UD. A UD, portanto, é a manifestação formal de um Tópico. (ii) A margem esquerda é ocupada por Marcadores Conversacionais orientados para o texto. (iii) A margem direita é ocupada por Marcadores Conversacionais orientados para o falante. Elas podem ser entoadas num ritmo ascendente, descendente, ou nivelado em relação ao núcleo. Numa palavra, a UD está para a LF, assim como o parágrafo está para a LE.

As margens são constituintes facultativos, mas a impossibilidade de intercambiá-las evidencia que há uma "gramática" da UD. Assim, em (2), o Marcador *"ah..."* (bem como seus correlatos *"bom..."*, *"por exemplo"*, *"eu acho/penso que"*, *"seguinte:"*, *"quer dizer"*, *"primeiramente..."*, *"depois"*, etc.) tematiza discursivamente a UD, funcionando como um ponto de partida interacional. Tem, portanto, de figurar antes do núcleo. Seria estranho se alguém se expressasse da seguinte forma:

(2a) * entende?	isso evidentemente que influenciou	ali... / bom...

Agora que Você já entendeu o que é uma UD, trabalhe com seus alunos nas entrevistas que eles recolheram. Verifique se não seria possível reconhecer tipos textuais das UDs: narrativas, descritivas, dissertativas. Cada tipo desses não teria algum correlato gramatical? Por exemplo, que tipo de verbo aparece numa UD narrativa, em contraste com as descritivas e dissertativas? Predominariam os verbos biargumentais de ação na primeira, e os monoargumentais estativos nas demais? Talvez estas questões fiquem mais claras quando chegarmos ao Cap. III, mas não custa nada ter aí um estoque de projetinhos.

Qual é o papel das UDs na construção e na organização do texto? Se cada UD é um Tópico Conversacional, isto é, aquilo de que se está falando, segue-se que um texto é um somatório de UDs. Examinando-as em sua sequência, podemos descobrir a hierarquia que os falantes adotaram no arranjo tópico de sua fala.

1.2 - A Hierarquia Tópica

Voltando agora ao exemplo (1), verificaremos que um texto não é uma enfiada de informações novas o tempo todo. Se separássemos suas UDs em duas colunas, anotando em uma delas a "informação nova", relevante para a elaboração do Tópico, e em outra a "informação velha" ou o desvio temático, e se rotulássemos de algum modo os Tópicos Conversacionais aí contidos, obteríamos o seguinte quadro:

(3)

INFORMAÇÃO NOVA. PROGRESSÃO TEMÁTICA.	INFORMAÇÃO VELHA. DESVIO TEMÁTICO.
Tópico 1: o convite (UD <u>A</u>)	
	Tópico 2: apreciação sobre o convite (UD <u>B</u>)
	Tópico 3: segmento epilinguístico sobre o vocábulo *esnobar* (UD <u>C</u>)
	Tópico 4: esnobando a televisão (UD <u>D</u>)
Tópico 5: televisão e literatura (UD <u>E</u>)	
UDs. FRÁSTICAS. RELEVÂNCIA TÓPICA	UDs. PARAFRÁSTICAS. RELEVÂNCIA INTERACIONAL

O quadro acima mostra que apenas as UDs (A) e (E) foram relevantes do ponto de vista do processamento informativo do Tópico "televisão", proposto pela documentadora às locutoras. Já as UDs (B), (C) e (D) foram relevantes do ponto de vista interacional, pois alimentaram a conversação. Nunca é demais insistir em que não falamos apenas para dar ou receber informações o tempo todo, e sim, também, para estabelecer algum tipo de relação corri o outro, repetindo coisas já ditas, procedendo a desvios temáticos, "segurando as pontas" da conversação. Se fôssemos emitir um juízo de valor sobre (1), fundamentando-nos apenas no processamento da informação, diríamos que as UDs (B), (C) e (D), foram pura "conversa mole". Mas Você já percebeu que esse juízo seria "interacionalmente incorreto".

Do ponto de vista da veiculação da informação, as UDs (A) e (E) poderiam ser denominadas frásticas, do gr. *phrázo*, "informar, emitir sinais verbais, fazer compreender". Elas têm relevância tópica. As demais são parafrásticas, do gr. *paraphrázo*, "parafrasear, alterar o sentido, comentar". Elas têm relevância interacional.

Essas observações sugerem que há uma hierarquia tópica no discurso. É o ponto que passo a examinar.

Martins (1983: 68-71) tinha observado que o normal de uma conversação é o vaivém dos Tópicos. Assim, numa conversação durante um almoço, ela anotou os seguintes Tópicos: "escolha do vinho" (com o subtópico "copos"), "distribuição dos convivas pela sala", "escolha da comida" (subtópico: "tipos de lazanha"), "inabilidade para servir a comida", "vinho", "quem serve a comida", "descoordenação no serviço por causa do vinho ingerido". Como se vê, um Tópico pode desdobrar-se em vários subtópicos. Um subtópico pode ganhar importância e passar a organizar tematicamente a conversação.

Jubran-Urbano et alii (1993) fariam uma leitura diferente do texto conversacional examinado por Martins. A partir do "desmonte" da entrevista D2 SP 360, publicada em Castilho-Preti (Orgs. 1987), eles postularam que o Tópico Conversacional dispõe de uma hierarquia assim organizada: (i) o Quadro Tópico ocupa o lugar mais alto nessa hierarquia. No exemplo de Martins, o Quadro Tópico seria *"jantar"*. No exemplo de Jubran-Urbano é *"família"*. (ii) Seguem-se os Supertópicos, que no segundo caso são quatro (*"tamanho da família"*, *"papel da mulher casada"*, *"relacionamento entre os filhos"* e *"os filhos e a escola"*). (iii) A cada Supertópico correspondem diversos Subtópicos, reunidos num quadro-resumo à pp. 380-381 do trabalho. Só para se ter uma ideia, o Supertópico *"papel da mulher casada"* governa os seguintes Subtópicos: *"trabalho com os filhos"*, *"acúmulo de atividades dentro e fora do lar"*, *"abandono da vida profissional por causa dos filhos"*. Isso, sem mencionar os "desvios tópicos", que serão discutidos no item 3 deste Capítulo.

O Tópico Conversacional concretiza uma sorte de *"projeção de possibilidades que um elemento no turno antecedente desencadeia no próximo turno"*: (ibidem: 360). Mencionei essa propriedade do turno no cap. anterior, item 1.3.2. O Tópico Conversacional, entretanto, não se confunde com o turno, de que pode associar mais de um. Jubran-Urbano et alii (1993: 360-363) configuram o Tópico a partir de duas propriedades, a de <u>centração</u> e a de <u>organicidade</u>. A centração abrange os seguintes traços: *"a) concernência: relação de interdependência semântica entre os enunciados – implicativa, associativa, exemplificativa, ou de outra ordem – pela qual se dá sua integração no referido conjunto de referentes explícitos ou inferíveis; b) relevância: proeminência desse conjunto, decorrente da posição focal assumida pelos seus elementos; c) pontualização: localização desse conjunto, tido como focal, em determinado momento da mensagem"*. A organicidade *"é manifestada por relações de interdependência que se estabelecem simultaneamente em dois planos: no plano hierárquico, conforme as dependências de superordenação e subordenação entre tópicos que se implicam pelo grau de abrangência do assunto; no plano sequencial, de acordo com as articulações intertópicas em termos de adjacências ou interposições na linha discursiva"*.

Esta segunda propriedade assume uma importância central para o entendimento da hierarquia tópica do discurso falado, que é considerada de forma problemática, visto que há *"subdivisões sucessivas no interior de cada tópico coconstituinte, de forma que um tópico pode vir a ser ao mesmo tempo Supertópico ou Subtópico, se mediar uma relação de interdependência entre dois níveis não imediatos"*: (ibidem: 364).

Danes (1966) parece ter correlacionado a organização tópica dos textos com a Articulação Tema-Rema das sentenças. Comparando sua posição com a dos autores acima, constata-se que se pode estabelecer uma espécie de ponte entre o Quadro Tópico e o Tema sentencial, vale dizer, entre o Texto e a Sintaxe, estratégia didática que estou sustentando neste livro. Para bem entender essa correlação, precisaríamos propor uma hierarquia implicacional que dispusesse nos dois extremos o texto e a sentença. Essa hierarquia poderia ser assim formulada:

Texto > Quadro Tópico > Supertópico> Subtópico> Terna sentencial

Retomarei no capítulo seguinte, item 1.2.1, essas relações entre Tópico Conversacional, expresso pelas UDs e Tema sentencial. Por ora, voltemos às cinco primeiras UDs do exemplo (1) para exemplificar a hierarquia acima:

Quadro Tópico – Televisão

Supertótipo - Convite para trabalhar na televisão

Subtópico 1 - Convite do Diretor da Folha
Tema sentencial - *uma pessoa... um Diretor lá da Folha*

Subtópico 2 - Apreciação sobre o convite
Tema sentencial - *na ocasião...*

Subtópico 3 - Uso do termo "esnobar"
Tema sentencial - *Ø (= nós)*

Subtópico 4 - Esnobando a televisão
Tema sentencial - *eu*

Subtópico 5 - Televisão e literatura
Tema sentencial - *eu*

Definida a unidade textual, e observada sua hierarquia, está na hora de indagar como ligamos umas às outras, à medida que vamos construindo o texto.

1.3 - Os Conectivos Textuais

Já vimos que os Marcadores Conversacionais transcritos na Margem Esquerda das UDs têm a função de organizar o texto. Vimos, também, que tais Marcadores não são obrigatórios.

De fato, as UDs podem vir interligadas por justaposição, sem a presença de conectivos textuais – assinalados por um [Ø] em nossas transcrições –, ou por conexão – funcionando como conectivos os advérbios fóricos *então, aí, agora*, ou os advérbios em processo de gramaticalização, como o *mas* que aparece no texto (1), UD H. Há, portanto, processos de conectividade tanto no texto quanto na sentença.

É inegável a importância dos Marcadores-Conectivos no estabelecimento da coesão textual. Assim, o mesmo Marcador Conversacional, importante no envolvimento interacional, assume agora um papel cumulativo do ponto de vista da estruturação do texto, enquanto Conectivo Textual. No Cap. III, veremos que essas expressões são boas candidatas a "transformar-se" em conjunções sentenciais – é a isso que me referia quando utilizei o termo "gramaticalização". Assim, as conjunções coordenativas e subordinativas, nossas velhas conhecidas, têm uma dimensão maior, que vem "mais de cima", por assim dizer.

A notação desses conectivos na Margem Esquerda da UD tem, entretanto, a deficiência de "horizontalizar" demais os materiais, quando é certo que a LF dispõe, simultaneamente, de uma "sintaxe vertical", característica destacada pela primeira vez entre nós por Marcuschi (1983: 12). Retornarei a essa questão da sintaxe biaxial na LF no Cap. III, ainda que limitando-me ao domínio da sentença.

Uma transcrição "verticalizada" teria, portanto, o mérito de evidenciar uma propriedade interessante desses conectivos, e que é a de serem duplamente fóricos. Quer dizer, ao mesmo tempo em que eles retomam o que foi dito anteriormente, anunciam Tópicos que se seguirão. Podíamos, em consequência, retranscrever (1) da seguinte forma: *(1a)*

(1a) olha I... eu... como você sabe...
UD (A)
o que me parece é que
UD (B)
—agora
UD (C)
Ø
UD (D)

e assim sucessivamente.

Alguns trabalhos têm sido devotados ao estudo dos conectivos textuais. Risso (1993) mostra que diversas *"palavras ou locuções [estão] envolvidas no 'amarramento' textual das porções de informação progressivamente liberadas ao longo da fala"*. Ela enumera os seguintes: *agora, então, depois, aí, mas, bem, bom, enfim, finalmente*. Essas palavras podem duplicar-se, dando origem a ocorrências como *agora então, então aí, aí depois, mas então*, etc.

Os exemplos que ela encontra no D2 REC 05: 1180-1202, se retranscritos na forma acima, constituem-se numa rica demonstração de como Marcadores Conversacionais atuam também como Conectivos Textuais "bifrontes":

(3)

L1 - não não não é questão disso não
mas
realmente a cadeia de supermercados aqui é de de de de Recife provavelmente
é
superior a qualquer uma do país... isso vocês podem julgar lá vendo...
mas
não não não é propaganda não é coisa nenhuma
agora o que eu acho é o seguinte
é que nós temos
L2 - ( ) problema de saneamento isso é seriíssimo
L1 - nós temos aquelas aquelas desvantagens de qualquer civilização
colocada no trópico...
mas como eu dizia há pouco
a cada::... vantagem a desvantagem corresponde a uma vantagem
também... aqui tem brisa marinha
então
nós temos os ventos alísios que vêm aqui éh:... soprando aqui perto
soprando temos a brisa terral de manhãzinha cedo...
o que faz com que a poluição seja bem mais difícil
agora
em Recife tem um problema muito sério é porque em sendo Recife a maior
cidade do Nordeste... há uma convergência
L2 - não... Recife é a maior cidade do mundo... porque é aqui que o Capibaribe
se encontra com o Beberibe pra formar o Oceano Atlântico
L1 - eu concordo com você
L2 - ((riu))
L1 –
mas então
há esse problema
então
a coisa se agrava.

Concentrando a atenção em *agora*, a primeira observação diz respeito às diferentes ocorrências desse item enquanto Adv. de Tempo e enquanto Conectivo Textual. Enquanto Adv. de Tempo, *agora* está integrado na estrutura sentencial como um Adjunto. E quando Conectivo Textual, esse item está "fora" das sentença, conectando Tópicos Conversacionais. A partir daqui, Risso (1993: 34-35) identifica as seguintes propriedades dessas ocorrências: (1) *"O conectivo não é desencadeado pela fórmula interrogativa 'quando?'"*. Seria impossível interpretar *agora em Recife tem um problema muito sério* como resposta à pergunta *quando Recife tem um problema muito sério? (2) "[O Conectivo] não é passível de enquadrar-se como foco de orações clivadas".* Compare o Adv. de Tempo

(4) Cheguei agora a Recife

clivado em

(4a) Foi agora que cheguei a Recife,

em contraste com o Conectivo Textual, que não aceita a clivagem em

(4b)? é agora que em Recife tem um problema muito sério,

paráfrase incongruente com o texto reproduzido em (4).

A estas propriedades pode ser acrescentada uma terceira, de natureza prosódica: (3) agora como Adv. de Tempo é usualmente pronunciado num nível emparelhado ao das palavras que antecedem e que se seguem, ao passo que *agora* como Conectivo Textual habitualmente vem separado do contexto por pausas, sendo entoado em ritmo descendente.

Enquanto Conectivo Textual, agora articula a estruturação tópica, seja abrindo um Tópico novo, mudando a centração, como é o caso da primeira ocorrência dessa palavra em (3), seja reunindo proposições no interior do mesmo tópico, mantendo a centração, como em sua segunda ocorrência, aí mesmo.

Finalmente, Risso demonstra que *agora* Adv. de Tempo e Conectivo Textual continuam invariavelmente como dêiticos temporais: entretanto, o primeiro assinala o tempo dos eventos narrados, ao passo que o segundo assinala o tempo do discurso, dado pela *"relação de sucessividade entre tópicos ou segmentos de tópicos"*. O mesmo, aliás, pode-se dizer de Conectivos tais como *então*, sobre o qual Você pode consultar Risso (1996), *aí*, etc.

2. Construção do Texto por Reativação

Um fato notável nos textos falados – talvez mais visível que nos textos escritos – é uma sorte de reconstrução, de volta atrás, em que retomamos as palavras principais e as jogamos de novo no fluxo do texto.

A construção por reativação é uma sorte de "momento parafrástico" (e, portanto, anafórico) do discurso. Dois processos são então utilizados: ou repetimos os segmentos textuais palavra a palavra, ou repetimos o conteúdo com palavras diferentes. Ambos processos devem estar ligados ao funcionamento da memória.

Neste item, tratarei desses dois processos, começando pelo primeiro deles, a que denominarei (1) repetição, e examinando depois o segundo, o da (2) paráfrase.

2.1 - A Repetição

Existe uma considerável literatura sobre a repetição como um processo constitutivo do "texto falado". O assunto tem sido debatido, entre nós, por Perini (1980), Ramos (1984), Travaglia (1989), Koch (1990, 1997), Dutra (1990) e Marcuschi (1992), que produziu o trabalho mais extenso sobre o fenômeno.

Perini (1980) dirigiu sua atenção mais particularmente para a repetição de constituintes sentenciais, hipotetizando que a repetição é um procedimento de restituição das estruturas sintáticas canônicas. A hipótese explica 42% de seus dados, colhidos no Projeto NURC/Brasil.

Sua então orientanda de Mestrado, Jânia Ramos, perguntou-se o que estaria acontecendo com os restantes 58% dos dados. Trabalhando com conversas gravadas em situação de classe, ela descobriu as seguintes motivações discursivas da repetição:

(1) Repetições (doravante **R**) de uma expressão matriz (doravante **M**) para *"explicitar o tópico da nova sequência e assegurar a coesão das sequências do discurso"*:

(5) homem assim tem muito mais chance... **M** *depende da aparência...* **R** *aparência acho que leva muito em conta...*

(2) Repetições para enfatizar elementos da sentença:

(6) **M** *deve ser por causa da colonização europeia lá...* **R** *deve ser...*

(3) Repetição sintetizadora:

(7) **M** *eu nunca tirei nota boa em português não... sabe... mas em rela/ esse ano em relação ao resto da turma... acho que até que eu fui muito bem até*

o terceiro bimestre (...) **R** *nunca fui de tirar nota em português não... nunca fui boa em português...*

(4) Repetição para recolocar no foco detalhes de uma narrativa, que auxiliarão os interlocutores a recompor o fio central da conversa:

(8) porque o trem é assim... tem uma filha de uma... e nós duas aqui... nessa de duas... ele ficou lá perdido... né... porque ele tava de lá... **M** <u>minha tia gritando e ele não respondia</u>*... minha tia já imaginou o pior e eu não dava vontade de gritar nada... fiquei pastel lá... minha tia em cima de mim... eu não podia nem levantar...* **R** <u>minha tia gritava e ele não respondia..</u>*, não fazia nada... e o desespero que a gente só olhava pros outro... todo mundo machucado... todo sujo de sangue ... [exemplo de Ramos 1984: 16]*

2.2 - A Paráfrase

"Paráfrase" é um termo técnico que encerra pelo menos dois sentidos: (1) É uma técnica de análise do enunciado, utilizada pelo lexicógrafo, quando define semanticamente uma entrada de dicionário, ou pelo sintaticista, quando compara sentenças formalmente distintas, de mesma interpretação semântica. (2) É um processo constitutivo da linguagem, definido na Retórica de Aristóteles como um mecanismo de produção diversificada do discurso na situação social. Através da paráfrase, o falante escolhe um ponto de vista sobre a realidade no nível da representação conceptual (*písteis*) e no nível da verbalização (*léxis*). A amplificação, a metáfora e a comparação são consideradas modalidades da paráfrase.

A Linguística do Texto recuperou o velho sentido aristotélico da paráfrase, entendendo-a como *"a transformação progressiva do '-mesmo' (sentido idêntico) no 'outro' (sentido diferente). Para redizer a 'mesma' coisa acaba-se por dizer 'outra' coisa, no termo de um processo contínuo de deformações negligenciáveis, imperceptíveis"*: Fuchs (1982: 49-50). Ou, como preferem Beaugrande-Dressler (1981: 58), a paráfrase é a *"recorrência do conteúdo com uma mudança da expressão"*.

O paradoxo da paráfrase está nisso: é uma repetição de conteúdos que, precisamente por terem sido repetidos, se acrescentaram semanticamente, e nesse sentido, mudaram.

A paráfrase pode ser estudada de um ângulo conversacional, como um mecanismo de manutenção ou ataque ao turno (as auto e as heterocorreções), e de um ângulo textual, que é o que interessa aqui.

Wenzel, apud Hilgert (1989), identificou os seguintes tipos de paráfrase, em que a matriz vem assinalada por M, e a paráfrase por P:

(1) Paráfrase concretizadora / desconcretizadora.

A paráfrase concretizadora focaliza, especifica o Tópico conversacional, apresentado de modo vago na matriz:

(8) **M** *eu noto que MUIto paulista fica um pouco chocado... com o linguajar carioca... (...)* **P** *nós ficamos um pouco chocados com o esse e o erre exagerados... (D2 SP 333: 30-55).*

Observa-se em (8) que o SN quantificado *muito paulista* foi substituído por um pronome pessoal específico, que identifica as interlocutoras como pessoas que se chocam, produzindo um efeito de concretização.

A paráfrase desconcretizadora desfocaliza o Tópico da matriz, mediante, por exemplo, o recurso a um quantificador universal:

(9) **M** *agora vamos usar um termo que eu uso bastante...* **P** *e que todo mundo usa (ibidem: 8-9).*

(2) Paráfrase expansiva / sintetizadora

A paráfrase expansiva amplia a informação contida no segmento matriz:

(10) nós vimos que existem dois agentes que oferecem moeda (...) **M** *os bancos comerciais e o Banco Central... certo?* **P** *o Banco Central de uma forma mais direta e os bancos comerciais... através do mecanismo de multiplicação (EF SP 388: 1-5).*
(11) muito paulista fica um pouco chocado **M** *com a linguagem carioca...* **P** *com os esses e os erres do... carioca (D2 SP 333: 30-35).*

A paráfrase sintetizadora age em sentido oposto, cortando caminho e forçando o encerramento de um Tópico. São acionados marcadores do tipo de *então, em suma, para dizer em poucas palavras*, além dos "verbos introdutores de opinião" estudados por Marcuschi (1989):

(12) **M** *como isso constitui numa pedra no caminho quando é passado em termos de arte cênica e... no caso... televisão (...)* **P** *então isso é uma pedra que vejo no caminho nosso (D2 SP 333: 71-115)*

(3) Paráfrase enfatizadora / atenuadora

São muito variados os recursos da ênfase, começando pela entoação, passando por Advérbios Intensificadores, como *altamente*, *excessivamente*, chegando à utilização de sinônimos amplificadores, como neste caso de paráfrase enfatizadora:

*(13) bem... **M** não é que ele falasse alto... **P** ele já estava mesmo era berrando...*

A paráfrase atenuadora se vale, entre outros recursos, dos Advérbios Delimitadores, estudados por Moraes de Castilho (1991):

*(14) **M** a inflação brasileira é puramente inercial... isto quer dizer que **P** num certo sentido a inflação se alimenta de si mesma.*

(4) Paráfrase epilinguística

A atividade epilinguística é aquela em que, refletindo sobre a língua, produzimos ao mesmo tempo textos de língua. As seguintes motivações acompanham esse tipo de paráfrase:

(i) explicitação do sentido de uma palavra

*(15) **M** embaixo do calção se costuma utilizar sunga... eu não sei... é::... **P** no meu tempo a gente dizia saqueira... mas hoje é mais sunga que se diz... (DID SP 6: 78-80);*

(ii) justificação do uso de uma palavra

*(16) **M** ele pensou... que ele ia::... ficar em face de uma recusa... e que eu ia... esnoBAR ((ri) **P** – agora vamos usar um termo... que eu uso bastante que todo mundo usa muito (D2 SP 333: 7-9);*

(iii) produção de uma escala sinonímica

*(17) **M** eu já enfoquei na nas minhas crônicas da Folha... a pedra no caminho que é a:.... pronúncia tão diferente... **P** e mesmo... a maneira de falar as singularidades que tem cada região (D2 SP 333: 66-70).*

Os exemplos acima mostram os âmbitos em que a paráfrase opera, afetando sintagmas (como nos exemplos 11, 12 e 17) e sentenças (exemplos 9 e 18, 13 a 17). Entretanto, toda uma UD pode igualmente ser parafraseada, como se pode observar em

(18) UD **M**

pois bem	uma grande atriz que é a Maria Fernanda... faz uma paulista de quatrocentos anos exatamente com a linguagem que você assinalou... de esses sibilantes como cobras... que Maria Fernanda tem todos aqueles cacoetes de linguagem de uma carioca e é uma grande atriz	Ø

UD **P**

então	choca demais aquela paulista quatrocentona que ela faz bem grifado... aliás de uma maneira um pouco... calcada demais porque esse tipo acho que já se diluiu nem existe mais (...) fica muito falso ver-se então uma paulista (...) falando como uma carioca com esses sibilantes (...)	não é?

(D2 SP 333: 88-107; foram eliminados os assaltos ao turno)

3. Construção do Texto por Desativação

No item 1.2 acima, mencionei a questão do desvio temático, exemplificado em (1) pelas UDs (B), (C) e (D), ali examinados como casos de paráfrase. Nesse mesmo exemplo, pode-se dizer que as UDs (A) e (E) são centrais para a elaboração do Tópico "televisão", enquanto que as outras são marginais, porque implicaram no abandono momentâneo da progressão tópica. Esses mesmos segmentos marginais podem ser trabalhados de outro ângulo, pois exemplificam o processo de construção do texto por desativação: palavras principais são abandonadas e substituídas por outras, desviando-se a estrutura temática.

A desativação de palavras principais e imediata ativação de outras dá lugar a dois fenômenos: a digressão e os parênteses.

3.1 - A Digressão

Discriminadas como viciosas na LE, as digressões são processos constitutivos do "texto falado". Segundo Dascal e Katriel (1982), há três tipos de digressão: baseadas no enunciado, baseadas na interação e sequências inseridas.

A digressão baseada no enunciado representa um desvio tópico sem motivação interacional. A digressão baseada na interação é um desvio motivado por comentários feitos a uma situação nova, surgida durante a conversação. Finalmente, as sequências inseridas são uma categoria intermediária, que guarda relações tanto com o que vinha sendo dito, quanto com a situação que circunda os locutores. Vou fixar-me nas duas primeiras categorias de Dascal e Katriel, entendendo que no primeiro caso a descontinuação tem estatuto de Tópico Conversacional, enquanto que o segundo, não, funcionando apenas como uma sorte de comentário rápido, sem a centração e a relevância que caracterizam um Tópico.

A digressão como um Tópico que descontinua um Quadro Tópico. Após a digressão, o Tópico em andamento é logo em seguida retomado. A digressão é, portanto, de natureza relacional, já que *"sua característica de elemento encaixado e desviante só se ressalta por contraposição a um contexto, recortado com base na dominância de um tópico discursivo"*: Jubran (1996: 411). Ressalto que esta Autora não distingue digressão de parênteses, optando por este termo para qualquer tipo de descontinuação.

Vejamos alguns exemplos:

(19) L1 - então a minha [filha] de onze anos... ela supervisiona o trabalho dos cinco... então ela vê se as gavetas estão em orde/... em ordem se o:: material escolar já foi re/arrumado para o dia seguinte... se nenhum::

L2 -   é

L1 - fez:: arte demais no banheiro... porque às vezes... estão tomando banho e ficam jogando água pela janela quer dizer essa é supervisora nata é assim... ah... toma conta... precocemente não? das:: atividades dos irmãos (D2 SP 360: 193-200).

Em (19), o Tópico "papel de supervisora exercido por uma das filhas de L1, dentro de casa" sofre um desvio, iniciando-se uma digressão marcada formalmente por *porque*. Temos aqui uma digressão com foco no enunciado. Andrade (1995: 94) enumera os seguintes marcadores da digressão baseada no enunciado: *a propósito, isto me lembra que, por falar nisso, olha... tem um negócio, já que você falou nisso*, etc.

No final dessa mesma entrevista, L1 continua a falar de sua filha, e de repente se assusta com o tempo consumido em seu depoimento, procedendo a uma digressão com foco na enunciação:

(19) L1 - (...) a outra de nove quer ser bailarina (...) ela vive dançando (...) a Laura não se definiu... tenho impressão de que ela vai ser PROmotora (...) que ela vive

acusando é aquela (...) que toma conta do pessoal ((risos)) oh... agora ah::... nossa...
foi além do que eu... imaginava...

        [

Doc   não::
L1 -   o horário (...) não por causa das crianças na escola ((risos))
agora a Estela vive dançando... e ela quer ser bailarina (D2 SP 360: 1369-1390).

A digressão representa, por assim dizer, uma mudança da clave *verbal. Se os segmentos anterior e posterior vinham sendo expressos em determinado tempo verbal, a digressão opta por outro, mesmo que* isso não tenha muito a ver com a sequência "histórica" dos eventos que vinham sendo verbalizados. Apenas se altera seu rumo – e isso é tudo. Assim, se antes ou depois da digressão de (19) predominava o presente pontual, no segmento digressivo o locutor muda a chave, e escolhe o presente imperfectivo. Em (20), vinha predominando o presente, em seus diversos matizes de presente pelo futuro, presente imperfectivo, presente iterativo. Na digressão, há uma virada para o passado, retomando-se logo em seguida o esquema aspectual-temporal anterior. Há outros elementos de contraste entre o Tópico centrado e o Tópico di*gressivo.* *Procure identificá-los. Você entenderá cada vez mais o que fazemos quando conversamos – fora falar mal da vida alheia!*

<u>3.2 - Os Parênteses</u>

Os parênteses não se constituem num Tópico desviante, como a digressão, pois não dispõem das propriedades de centração e organicidade. Eles têm por isso mesmo menor extensão textual. Vejamos alguns exemplos, retirados de Jubran (1995):

(21) Doc.- a que jogos as pessoas costumam dedicar-se na praia?
    Inf - na praia... jogos... bom... o que eu vejo lá na... na... praia o pessoal joga muito aquelas raquetes assim... jogam vôlei tênis de praia que se chama aquilo com raquete... é... tênis de praia... vôlei... isso que eu vejo na praia... né? (DID POA 45: 176-177).
(22) aqui nós só vamos.. fazer uma leitura em nível PRÉ-iconográfico nós vamos reconhecer as formas... então que tipo de formas que nós vamos reconhecer? bi-sontes ((vozes)) <u>bisonte é o bisavô... do touro... tem o touro o búfalo:: e o bisonte MAIS lá em cima ainda</u>... nós vamos reconhecer ahn:: cavalos... nós vamos reco-nhecer veados... <u>sem qualquer conotativo aí</u>... e algumas vezes MUIto poucas... alguma figura humana... aí na parte da estatuária que a gente vai reconhecer a figura humana mas é muito raro... neste período (EF SP 405: 135-139).
(23) já no Japão... são duas realidades... dentro de uma mesma situação (...) o nível do operário americano NÃO É... que o operário japonês não é nem operá-

rio... exato? eu estou tentando mostrar que eu estou dando uma aula tentando resumir claro que o nível principal com relação do relacionamento ainda tem resquícios feudais... lá claro gente?... vocês imaginem a quantidade de operariado do Japão... né? (EF RJ 379: 274-277).
(24) as regras são compostos... imperativos indicativos... imperativos quan:do imposição... e indicativo enquanto conhecimento... entenderam mesmo essa parte? quer dizer alguém aqui: não entendeu isso? que eu expliquei para... alguns grupos... e outros não... mas se tiverem alguma pergunta... imperativo indicativo... num é? (...) aquilo se torna uma imposição... as regras jurídicas... são... as normas de conduta... mais: intensas (EF REC 337: 65-75).

Nos exemplos acima, vê-se que os parênteses são atos de fala que constituem pequenos esclarecimentos, comentários, perguntas, etc., fornecendo observações rápidas ao Tópico que se vem desenvolvendo. Em (21) e (22), essas descontinuações têm um claro papel epilingüístico, como paráfrases lexicais de "vôlei" e de "bisonte". Esse tipo de paráfrase é muito frequente, e aciona .marcadores como *digamos assim, vamos dizer assim, explicando melhor*, etc. Em (23) e (24), os parênteses focalizam o falante e o interlocutor. Jubran (1995) mostra que nesses casos *"o locutor interrompe por momentos o desenvolvimento do tópico discursivo, afim de, entre parênteses, chamar o interlocutor para dentro do texto, com o intuito de pedir-lhe ajuda para encontrar uma denominação comum, ou delegar-lhe a escolha de um lexema, entre alternativas que lhe são colocadas".*

Jubran (1995: 11) relaciona as seguintes propriedades formais dos parênteses: *"(1) pausas inicial e final, (2) entonação descendente no final, em contraste com a ascendente na retomada tópica, (3) incompletude sintática do enunciado anterior ao parêntese, (4) marcas de reintrodução tópica, como agora, porque, entre outros".*

Como em tudo o mais na LF, também aqui as categorias se interpenetram. Assim, podem-se encontrar parênteses inseridos em uma digressão, como neste belo exemplo de Jubran *(1995),* em que assinalei com **D** a digressão, e por **P** o parêntese:

(25) Doc. - e além desses jantares dançantes, a senhora vai a alguma festividade?
*Inf. - ah! também... quando tem esses [[**D** sempre é em função dessa sociedade que meu marido tá... já tá há dois anos assim... na diretoria... zona vez... ele era tesoureiro... outra vez vice-presidente... outra agora ele é (...) eu disse vice-presidente ainda agora né? mas não... vice-presidente é o outro... ele foi no ano passado... ele é... [**P** como é que se diz a pessoa que cuida do clube... que toma... não... é ecônomo... é o que toma conta assim da... dessa parte... que ele tem que cuidá dessas coisas tudo... diretor do patrimônio.., é*

isso né]] então a gente... quando tem também esses encontros... que chamam-se regionais... (DID POA 45: 69-73).

O estudo dos parênteses faz uma ponte entre o Texto e a Sentença. Sendo a menor porção de um texto, os parênteses reduzem-se muitas vezes a uma ou poucas mais sentenças, exibindo propriedades sintáticas distintas em relação às sentenças que precedem e que seguem.

Em suma

Neste capítulo, retratei o texto como o resultado de três processos de construção: a construção por ativação / reativação / desativação de palavras principais. Com estas rápidas observações Você já conta com um repertório razoável de questões a observar na organização interativa do texto, para além daquelas que surgirem em seu trabalho. Então, mãos à obra! Não se esqueça de transpor os textos falados em escritos, suscitando em seus alunos o interesse por comparar essas duas modalidades de língua. E por falar nisso: que tal observar a extensão e a densidade informativa de UDs na LF, e de parágrafos na LE? Quais são os recursos gráficos de que se serve a LE, para assinalar a coesão textual? E que recursos a LF movimenta para o mesmo fim?

Meu objetivo aqui foi, igualmente, abrir caminho para o estudo das sentenças contextualizadas. A observação sistemática das sentenças contextualizadas permite inspecionar os processos de constituição dessa unidade sintática. O professor mudará sua atitude com respeito à sintaxe, interessando-se e interessando seu aluno primeiramente nos processos de criação da sentença, deixando para um segundo momento a necessária classificação dos produtos sintáticos que daí resultaram.

Algumas perguntas formuladas a propósito do texto poderão migrar para a sentença: como se constroem o Tema e o Rema sentenciais? Como as sentenças são interligadas no interior do período? Qual é a importância das diferentes caras da construção na feitura de uma sentença?

No Cap. III, examinarei sumariamente essas questões. Mas ainda ficará muita coisa para Você fazer!

capítulo III

a sentença

0. INTRODUÇÃO

A gramática de uma língua natural tem como objeto empírico o estudo da sentença. Isso envolve um problema teórico e um problema metodológico.

O problema teórico diz respeito ao conceito de sentença e às estratégias que vamos utilizar para descrevê-la, sobretudo na LF, em que os limites categoriais são ainda menos nítidos do que na LE.

O problema metodológico é o da transcrição gramatical dos dados, como uma forma de constituir e clarear o objeto de análise.

Examinarei a seguir essas duas questões, mas gostaria de deixar claro que a boa execução destas propostas pressupõe que os alunos estejam bem familiarizados com a identificação das classes de palavras.

0.1 - Conceito de Sentença

O objeto da Sintaxe é o estudo da sentença, ou oração, ou frase, ou cláusula, de acordo com as diferentes terminologias disponíveis.

O número de definições de sentença é assustador, e alguns historiadores das ideias gramaticais têm-se divertido enumerando-as. Não é este o lugar para um debate mais extenso sobre o assunto, elaborado em qualquer bom manual de sintaxe. Por ora, vamos reter que a sentença é um somatório de propriedades fonológicas, sintáticas, e semântico-informacionais.

(1) A sentença tem propriedades fonológicas, pois *"a oração é um grupo de palavras dotadas de uma entonação própria"*: Câmara Jr. (1964: 163).

(2) A sentença tem propriedades sintáticas: *"a oração é um grupo de palavras composto de dois constituintes básicos, o sintagma nominal e o sintagma verbal, conectados pela relação predicativa, que é o que constitui toda oração e é assinalada por certos indícios formais (a chamada concordância de número e de pessoa)*: Alarcos Llorach

(1970: 111). Essa definição mostra que por "propriedades sintáticas" se entende (i) a estrutura sintagmática das sentenças, descrita em gramáticas como as de Mira Mateus et alii (1989) e Perini (1995), e (ii) a estrutura funcional, ou seja, o fato de que, ao se associarem na sentença, os sintagmas assumem significados de que não dispõem enquanto itens lexicais isolados. É o verbo que atribui aos sintagmas tais funções, como as de sujeito e de complementos. Para desempenhar esse papel, o falante aproveita a morfologia do verbo, na forma descrita no item 1.2. Uma definição que se concentra na estrutura funcional das sentenças é a de Galves (1988): *"a oração é a projeção sintática das propriedades de subcategorização de um verbo, em outros termos, a projeção da estrutura argunental desse verbo. Nesse sentido, o verbo é o núcleo da oração"*.

(3) Finalmente, a sentença tem propriedades semântico-informacionais, fato já referido no capítulo anterior. A gramática tradicional se concentra com maior vigor nestas propriedades. Aqui há desde intuições muito interessantes até verdadeiras incompreensões sobre as lições dos gramáticos antigos. Comecemos por Apolônio Díscolo (séc. 1 d. C.: I,2), para quem *"a oração perfeita [se constitui] pela coerência dos significados"*, ou *"a sentença é um conjunto de casos semânticos acionados pelo verbo"*. Nossas gramáticas escolares entenderam mal o adjetivo "perfeita", e a expressão "coerência dos significados" da definição acima, cunhando a clássica definição *"a sentença é um conjunto de palavras com sentido completo"*. Você deve estar cansado de ler essa definição, agora, já se perguntou sobre o que seria o tal de "sentido completo"? Um livro inteiro encerraria algum tipo de sentido completo? É possível operacionalizar tal definição, "catando" sentenças num texto a partir dela? Câmara Jr. (1964: 164) e Rona (1972: 182) já comentaram o vício de origem desta definição, derivado de uma tradução equivocada do termo grego *autotelês*, constante da definição de Dionísio da Trácia e de Apolônio Díscolo. Esse termo aparecia na expressão *lógos autotelês*, "expressão com um fim em si mesma, autossustentada", com a qual eles definiam a sentença. Ora, com essa expressão os gregos estavam destacando a importância das sentenças numa situação comunicativa, num texto, em que cada uma delas tem de ter uma atuação autotélica, funcionando como um conjunto de elementos ligados solidariamente, para a constituição do sentido textual. Ou, como vimos no capítulo anterior, contribuindo para a constituição do Tópico Conversacional. O engano, solidamente implantado em nossa tradição gramatical, foi ter assimilado *autotelês* a "perfeito, completo", tratando a sentença como

um recorte linguístico independente do texto em que ela figura. Agora que Você já sabe disso, saia fora dessa definição, e recolha aquelas que possam ser operacionalizadas em suas reflexões.

A propriedade informacional da sentença aponta para o fato de que ela *"se realiza como unidade comunicativa, bipartindo-se em Tema (ou tópico) e Rema (ou núcleo, ou comentário, ou foco), ou, ainda, num segmento comunicativamente estático, oposto a um segmento comunicativamente dinâmico"*: Ilari (1986b: 37). No capítulo anterior Você já se inteirou da Teoria da Articulação Tema-Rema, que focaliza a sentença de seu ângulo informacional.

0.2 - Transcrição gramatical

Nos capítulos anteriores, vimos que uma transcrição adequada das entrevistas representa ao mesmo tempo uma hipótese sobre as estratégias interacionais e da organização do texto e um processo metodológico revelador dessas estratégias. De novo, não nos esqueçamos de que a transcrição "cria o objeto", em matéria de LF.

A transcrição representa, na verdade, uma pré-análise dos dados. Por meio dela, transpomos o dado bruto contido nas fitas magnetofônicas para o estado "semi-idealizado" dos dados configurados por determinada metodologia de transcrição.

Blanche-Benveniste et alii (1979) fizeram uma interessante proposta de transcrição gramatical da LF. Esses autores partem da concepção saussuriana sobre os eixos linguísticos. Segundo Saussure (1917: 142 e ss.), toda língua natural se desenvolve em dois eixos: o eixo sintagmático ou das sucessões, no qual se depositam os signos verbais produzidos na sequência do tempo, e o eixo das associações, posteriormente denominado paradigmático, no qual podem ocorrer determinados signos em determinados pontos do eixo sintagmático. O eixo sintagmático é o eixo dos signos "em presença", visto que nele os signos se sucedem uns aos outros, e o eixo paradigmático é o eixo dos signos "em ausência", visto que só pode ocorrer um signo de cada vez, ficando os demais como que guardados na memória do falante. Já veremos que essa memória "transborda" na LF, e assim também os signos do eixo paradigmático se realizam "em presença".

Blanche-Benveniste e pesquisadores associados demonstraram que essa teoria não vinha tendo aplicação metodológica na moderna. Eles propuseram um processo de transcrição bi-axial da LF, uma transcrição por grades, que permite visualizar os arranjos sintáticos de um modo bastante claro. As grades são formadas por segmentos horizontais, que representam o eixo sintagmático da língua, e por colunas verticais, que representam o eixo paradigmático, em que são anotadas as hesitações e as repetições, entre outros fenômenos. Levando em conta que o verbo constrói a sentença, pode-se retranscrever da seguinte forma os exemplos (1) e (2) do capítulo anterior:

(1)D2 SP 333

(1)		*olha I*	
(2)	*eu*	*Ø*	
(3) como	*Você*	*sabe*	
(4)	*u::ma pessoa um Diretor lá da Folha*	*certa feita( ) chamou*	*← (me)*
(5) e	*Ø*	*( )incumbiu*	*← (me) de escrever sobre televisão*
(6)		*o que me parece é que*	
(7) quando	*ele*	*( ) incumbiu*	*← (me) disso*
(8)	*ele*	*pensou*	*(S) →*
(9) que	*Ø*	*ia ficar em face*	*de uma recusa*
(10) e que	*eu*	*ia esnoBAR —*	*Ø*
(11) agora	*Ø*	*vamos usar*	*um termo*
(12) que	*eu*	*uso bastante*	*← (que)*
(13) que	*todo mundo*	*usa muito —*	*← (que)*
(14)	*eu*	*ia esnobar*	*a televisão*
(15) como	*todo intelectual*	*realmente esnoba....*	*Ø*

(2) DID RJ 18

(1)	*ah... isso*	*evidentemente que influenciou entende?*	
(2)ainda mais porque	*nós*	*somos*	*israelitas entende?*
(3)		*é*	*um tipo de cultura muito diferente sabe?*
(4)		*são*	*uns valores completamente diferentes*
(5)		*é*	*um negócio muito diferente*

(6)	Ø	só vivendo mesmo	
(7)	é que você	vê	Ø entende?

Como nessas transcrições estamos considerando a sentença, e sendo ela constituída por um verbo, foi prevista uma coluna especial para essa classe, a coluna 3 nos exemplos (1) e (2) acima. Observando esses exemplos, notamos que alguns verbos não organizam uma sentença, por não disporem de argumentos próprios: (i) ser focalizador (ou expletivo) na sexta sentença de (1) e na sétima de (2); (ii) verbos "seriais" do tipo de "*pegou e disse, foi e falou*", que não ocorreram nos exemplos acima; (iii) verbos no infinitivo, no gerúndio e no particípio que, por não disporem de sufixos flexionais, não podem "escolher" o sujeito, como ocorreu na quinta sentença do exemplo (1); (iv) também "não merecem uma coluna própria" os verbos usados como fáticos, os quais transcreveremos contíguos ao constituinte junto do qual figuram. A mesma decisão foi tomada quanto aos adjuntos.

Na primeira coluna, figuram os conectivos. Na segunda, o sujeito, ou mesmo as construções de tópico que venham a aparecer. Na terceira, como já se disse, os verbos. Na quarta, os argumentos internos do verbo, o predicativo (como na sentença 2 do exemplo 2), o equativo, ou o argumento único (como nas sentenças 3 a 5 do exemplo 2). Assinalamos por *[Ø]* os argumentos e os verbos elípticos, e por ( ) os argumentos que mesmo tendo figurado antes do verbo, foram transcritos na quarta coluna, assinalados por "←".

Algumas lições podem ser tiradas dessa forma de transcrever os dados:

(1) Nesses arranjos, ambos os eixos da língua estão presentes, e ambos são produzidos na linha do tempo. A transcrição mostra a necessidade de integrar na argumentação gramatical a "sintaxe vertical", dada pelo eixo paradigmático, mais frequente na LF que na LE. Em (1), o lugar do sujeito da quarta sentença (a segunda é anacolútica) foi preenchido duas vezes, gerando esse tipo de sintaxe.

(2) Os segmentos discursivos, isto é, aqueles não governados pelo verbo, figuram contíguos ao segmento sintático. É o caso de marcadores de hesitação, como *ah*, do exemplo (2), ou mesmo os fáticos usados nesse mesmo exemplo.

(3) Particularmente com respeito ao estudo da sintaxe na LF, a transcrição permite (i) identificar as sentenças esboçadas, ou anacolúticas (como "*eu*", em (1), que iniciava uma sentença cujo foco estava

na primeira pessoa, a pessoa do falante, estratégia que ele preferiu abandonar, colocando ali um sintagma nominal, portanto uma terceira pessoa, *"uma pessoa"*), (ii) identificar as sentenças "canônicas", em que todos os argumentos verbais foram preenchidos, (iii) identificar as sentenças em que ocorreu a elipse de algum constituinte.

Essas transcrições conferem uma grande visibilidade às relações sintáticas, permitindo estabelecer um plano sistemático de observações. Para isso, formularei quesitos a partir dos processos discursivo-computacionais de ativação, reativação e desativação já mencionados anteriormente. Então, prepare-se! Já transcreveu gramaticalmente suas entrevistas? Isso quer dizer que seus materiais estão prontos para os nossos projetinhos. Lá vêm eles!

1. Construção sentencial por ativação

Ora ora, pois pois. Então, se uma sentença decorre da ativação das propriedades gramaticais do Verbo, segue-se que estudar a organização das sentenças é fotografar o funcionamento dos verbos. Interessante. Agora, discutir como os falantes organizam suas sentenças, isto já é um projeto para toda a vida. Quanto mais Você transcreve e espia as transcrições, tanto mais perguntas vão surgindo. Vou limitar-me neste item a três quesitos: (i) a escolha do verbo, (ii) a organização da estrutura argumental da sentença, (iii) a adjunção. Juntamente com seus alunos, faça outras perguntas e complete este item do livro.

1.1 - A Escolha do verbo

Na Introdução deste capítulo, vimos que o verbo, uma das categorias principais, organiza a sentença. A escolha do verbo, portanto, tem aí uma importância crucial. Os linguistas têm destacado o papel do falante na escolha da perspectiva do evento que se quer verbalizar. Assim, numa operação de compra e venda, o comprador usa o dinheiro e recolhe os bens. O vendedor entrega os bens e recolhe o dinheiro. Temos, portanto, o comprador, o vendedor, o bem transacionado e o dinheiro. Ao verbalizar esse evento, o falante tem as seguintes possibilidades: (i) se quer pôr em relevo o comprador, escolhe o verbo *comprar*; (ii) se o vendedor, escolhe *vender*; (iii) se o dinheiro despendido, escolhe *gastar*, (iv) finalmente, se ele quer pôr em relevo os bens adquiridos, escolhe *custar*, gerando sentenças como:

(3) Comprei livros por trinta reais.
(4) Vendi livros por trinta reais.
(5) Gastei trinta reais com livros.
(6) Os livros custaram trinta reais.

Um fenômeno que as sentenças contextualizadas de nossas transcrições permite ver claramente é o da gênese do Rema, codificado por um verbo e seus argumentos, constituindo-se o Sintagma Verbal (SV). Vejamos o seguinte texto narrativo:

(7) eu estive na... em Cumaná... tinha uma praia... uni litoral muito bonito que aliás é muito parecido com o nosso litoral norte... sabe? mas eu não conheço o nosso litoral norte.. e::... fiquei lá durante três meses e nesse tempo todo eu conheci bastante (inaudível) o povo de lá... que é bem diferente... e.:... bem diferente de nós... (...) são por exemplo esses lá... é nessa praia que pertence à Universidade... como aqui na nossa Oceanografia também pertence à USP... e... toda a Universidade detesta ir pra...(...) e todo o curso foi feito ali... inclusive nós saímos assim durante... fazer compras de material e tudo e... ah:: ... e conhecemos toda a região... sabe? (D2 SP 167: 7-30).

A seleção dos verbos nesse texto correlaciona-se com as seguintes necessidades discursivas:

1) "Quem / o quê é X?" Respondendo a essa pergunta, introduzimos o Tópico Conversacional, seja ele uma pessoa, sejam uma coisa. Os Verbos Apresentacionais, do tipo *"tem gente na sala"*, *"foi isso"*, *"trata-se do seguinte"*, *"há pessoas que não entendem de nada"*, etc., desempenham esse papel. Não apareceram verbos desse tipo em (7), mas sim em (2), em que as sentenças de 3 a 5 foram construídas com o Verbo *ser* Apresentacional. Note que tais verbos organizam sentenças do tipo "V + X", isto é, o verbo vem sempre fronteado, seguido de um sintagma cujo referente é o que se quer introduzir na conversa.

Examinando a sentença do ponto de vista da articulação Tema-Rema, pode-se dizer que os Verbos Apresentacionais tematizam a sentença, concentrando-se a declaração propriamente dita no sintagma que se segue. Tal sintagma será, portanto o Rema da sentença. Uma pré-análise dos materiais do Projeto NURC/Brasil mostrou que 7% das sentenças são tematizadas por verbos desse tipo.

2) "Como é X?" A resposta a esse quesito será uma caracterização do Tópico. Para satisfazê-lo, serão selecionados os Verbos Equativos de estrutura "SN é SN", como em *"mãe é mãe"*, e os Verbos Atributivos de estrutura "SN é Sintagma Adjetivo (SAdj)", como em *"o povo*

de lá é bem diferente". Equativos e Atributivos selecionam Temas semanticamente estáticos.

3) "O que X faz?" *A resposta a essa pergunta leva à seleção de Verbos Biargumentais de Ação do tipo "X faz Y", como em "nós fizemos o curso ali"*, que apresentam o Tema numa forma dinâmica.

4) "O que aconteceu a X?" Selecionam-se os Verbos de Estado e do tipo "X está Y", como em *"fiquei lá durante três meses"* e os Verbos de Evento, do tipo "X sabe Y", como em *"eu conheci bastante o povo de lá"*. Esses verbos apresentam o Tema como um estado resultante de uma operação anterior, do tipo "X viu Y", portanto "X conhece Y", "X sabe Y".

5) "Como ficou X após ter feito Y?" Selecionam-se os Verbos Transobjetivos, do tipo "X faz Y e Y está Z", como em *"os pesquisadores encontraram o povo doente"*.

Os SVs assumem diversas estruturas, de que os cinco arranjos acima representam apenas uma generalização. De acordo com DuBois (1980: 227), os verbos de tipos 1 e 2 integram o "modo descritivo", ao passo que 3 e 4 integram o "modo narrativo". Segundo esse mesmo Autor, cada vez que se introduzem novas personagens numa narrativa, volta-se ao esquema representado em 1 e 2. Desnecessário dizer que as narrativas não apresentam seus verbos na sequência indicada, ordenando-os de diversas maneiras. De todo modo, Você pode agora retornar às suas análises textuais, selecionar aí as UDs descritivas e as narrativas, verificando com seus alunos se as afirmações acima são verdadeiras. A pressuposição de DuBois é que propriedades textuais e sintáticas se escoram umas nas outras. Quem diria, hein?! Admitir uma ligação entre os tipos de transitividade, assunto que parecia tão exclusivamente sintático-sentencial, aos tipos de texto, que parecia um negócio de literatura!!

Selecionado o item cujas propriedades atendem às necessidades discursivas mencionadas, desencadeiam-se esquemas secundários tais como (i) a seleção do tempo, do modo e da voz, (ii) a seleção dos argumentos do verbo, e (iii) a seleção do lugar de figuração dos argumentos em relação ao verbo. Vou examinar o segundo e o terceiro desses aspectos, deixando o resto para Você.

1.2 - Organização da estrutura argumental da sentença

As gramáticas escolares e as teorias sintáticas destacam a propriedade que os verbos têm de *"exigir, demandar, articular, subcategorizar"* determinados *"termos, actantes ou argumentos"*, os quais lhe *"completem, determinem, especifiquem"* o sentido, constituindo juntamente com eles o predicado verbal.

Essa propriedade fundamental do verbo é a de *transitividade*. A propriedade da transitividade assegura ao verbo a constituição de sua estrutura argumental, de que resulta a sentença. O vocábulo *argumento* está sendo utilizado aqui no sentido de "termo adjacente ao verbo, por ele subcategorizado". Numa língua como a portuguesa, pode-se dizer que radical do verbo subcategoriza os argumentos internos (ou complementos), assim denominados por que são gerados "no interior do SV", ao passo que a flexão do verbo subcategoriza o argumento externo (ou sujeito), gerado "fora do SV". Essas afirmações se baseiam no fato de que o verbo (i) tem em sua morfologia dois constituintes, o radical e as desinências, fato que teria uma óbvia consequência sintática, e (ii) concorda com o sujeito, o que é indicado pela flexão, mas não concorda com o complemento. Os argumentos verbais têm, portanto, um comportamento sintático diverso.

Como o verbo concorda com o sujeito e não concorda com o complemento, cria-se uma assimetria no interior da sentença, fato já observado na gramática clássica. Distinguia-se ali o "caso reto", uma propriedade do sujeito, do "caso oblíquo", uma propriedade dos complementos. Uma metáfora geométrica está por traz dos termos "reto" e "oblíquo": em línguas como o grego, o latim (e também o português), o verbo concorda com o sujeito, e por isso esses constituintes se mostram como que emparelhados, dispondo-se num mesmo plano. Por outro lado, como não há concordância entre o verbo e seus complementos, eles se mostram em planos distintos, em que o complemento se afasta do verbo, situando-se num plano oblíquo. A gramática portuguesa especializou a expressões "caso reto" e "caso oblíquo" para descrever a morfologia pronominal. Mas agora Você entendeu que esse lance de reto e oblíquo capta um fenômeno gramatical mais amplo do que a morfologia de uma classe. Legal, não?

Outro modo de ver esta questão dos casos é constatar que eles remetem às duas relações sentenciais básicas: a relação de predicação, que se estabelece entre o verbo e o caso reto / sujeito, e a relação de complementação, que se estabelece entre o verbo e o caso oblíquo / complementos. O verbo predica do sujeito, isto é, atribui-lhe uma propriedade. E completa sua grade temática através dos complementos. Espertinho esse verbo, hein? Olha para um lado e para outro, comandando a organização da sentença. Se fôssemos romanos, talvez o chamássemos de "categoria janeira", em homenagem ao deus Janus, representado na mitologia por uma figura bifronte. Entendeu agora por que chamamos o primeiro mês do ano de "janeiro"? Pois é, ele também olha para trás, o ano que passou, e para frente, o ano que vem vindo. Não perca a próxima atração do nosso almanaque!

Mas pensemos agora nos outros atores da transitividade, os nomes e os pronomes, igualmente palavras principais. Habitualmente, descreve-se a transitividade verbal a partir de exemplos em que o verbo seleciona argumentos preenchidos por nomes substantivos. A dificuldade levantada por essa prática foi tacitamente reconhecida pela primeira vez, salvo engano, por Alarcos Llorach (1970: 110). Esse sintaticista preferiu examinar as relações entre o verbo e os pronomes adjacentes. Pronomes não têm sentido autônomo, como os nomes. Na verdade, o hábito de estudar combinações de verbos com substantivos radica na postulação de que o nome substantivo é uma "classe primitiva", ao passo que os pronomes seriam "classes derivadas", pois substituem o nome. Essa compreensão dos substantivos decorre da interpretação discursiva dessa classe na reflexão gramatical no Ocidente. Os substantivos são, de fato, indispensáveis à articulação discursiva, em que podem funcionar como Tópico conversacional. Impossível contar alguma coisa sem substantivos. É por isso que os gramáticos latinos os chamaram assim. Você de certo já andou dissecando essa palavra, cuja anatomia encerra *sub* "embaixo" + *sta* "estar" + *nt* "aquilo que" + *ivo,* um sufixo derivacional. Substantivo: "aquilo que está embaixo, na base". Na base do quê? Do discurso. Entretanto, estabelecer uma correspondência automática entre uma designação que remete ao mundo do discurso e um fenômeno do mundo da gramática complica a análise. Vamos examinar esse argumento mais de perto.

Na articulação gramatical da língua, o pronome poderia, em relação aos nomes, ser considerado como uma classe primitiva, funcionando os substantivos como "propronomes". Blanche-Benveniste et alii (1984: 26) argumentam que a tradição tem insistido em que *"o elemento pronominal seria o resultado, explícito ou implícito, de um processo de pronominalização, [o que é] fundado frequentemente numa argumentação pragmática. Apenas recentemente os inconvenientes dessa abordagem foram denunciados por diversos autores. (...) Nós deduzimos uma teoria inversa da teoria herdada: é o pronome – ou a unidade subjacente induzida a partir do pronome – que constitui a base linguística do enunciado. Os outros elementos podem ser apresentados como sendo o resultado do processo de lexicalização ".* Em consequência dessa posição, um termo pronominal e um termo nominal evidenciam uma relação de proporcionalidade, e não de substituição, como faz crer o raciocínio que toma o substantivo como ponto de partida.

Esse novo estatuto atribuído ao pronome permite investigar a estrutura argumental do verbo de modo mais seguro, visto que não serão acarretadas para o interior da análise todas as complicações inerentes aos sentidos dos substantivos e às restrições seletivas que se estabelecem entre eles e o verbo. Afinal, pronomes – e aqui se está pensando nos Pronomes Pessoais, os pronomes por excelência – não têm sentido, e assim se pode com mais segurança descrever a estrutura sentencial em sua organização esquelética, por assim dizer. A proposta de Blanche-Benveniste et alii (1984) foi por eles mesmos denominada "abordagem pronominal da sintaxe".

Aplicando-se esse procedimento de análise ao português, identificam-se relações argumentais e não argumentais entre o verbo e seu termo adjacente:

(1) Relação argumental: o termo adjacente subcategorizado pelo verbo é proporcional a um pronome. Se esse pronome for *ele*, e o verbo com ele concordar, identificamos o sujeito. Se esse pronome for do caso oblíquo, ou se for preposicionado, identificamos um argumento interno, caso em que teremos as seguintes possibilidades: (i) se o termo é proporcional aos clíticos acusativos *me / te / o*, esse argumento é um Objeto Direto, como em

(8) Ela descobriu seu namorado = Ela descobriu-me / descobriu-te / descobriu-o;

(ii) se o termo é proporcional ao clítido dativo *lhe,* esse argumento é um Objeto Indireto, como em

(9) O livro pertence ao aluno = O livro lhe pertence;

(iii) se o termo é proporcional a uma *preposição + ele*, a um Advérbio de Lugar, ou a um Demonstrativo neutro, esse argumento é um Oblíquo, como em

(10) Preciso do livro = Preciso dele.
(11) Luís foi ao Peru com Maria = Luís foi lá com ela.
(12) O livro custou trinta reais = O livro custou isso.

Como se sabe, a Nova Nomenclatura Gramatical Brasileira meteu num mesmo saco o Objeto Indireto e o Oblíquo, embora esses termos tenham propriedades sintáticas diferentes. Sobre o Oblíquo, v. Mira Mateus et alii, (1989: 169-170).

As relações argumentais, que cobrem tanto a predicação quanto a complementação, constituem a *estrutura de fundo* das sentenças. Sobre isso, Kato-Nascimento et alii (1996b) e Dillinger-Galves et alii (1996).

(2) Relação não argumental: o termo adjacente não é proporcional a um pronome, caracterizando-se uma conexidade sintática fraca entre ele e o verbo. Nesse caso, temos as seguintes possibilidades: (i) o termo integra o próprio predicado, e temos o Equativo e o Predicativo; (ii) o termo indica uma circunstância do predicado, ou modifica o predicado, e temos um Adjunto. Identificamos, respectivamente, (i) o Equativo, como em

(13) A fita é <u>a base do inquérito,</u>

ou o Predicativo, como em

(14) O menino é <u>alto,</u>

ou (ii) o Adjunto, como em

(15) Ele chegou <u>hoje</u> e falava <u>nervosamente</u>.

Lyons (1977: 472) mostra que o Equativo é distinto do Predicativo. O Equativo (i) é preenchido por um SN, (ii) estabelece uma "equação semântica" entre o referente do SN Sujeito ao referente do SN Equativo, promovendo uma paráfrase léxica, (iii) ambas as expressões não são redutíveis a um só sintagma, e, além disso, (iv) os SNs são intercambiáveis na sentença:

(13a) A base do inquérito é a fita.
(13b) *fita base do inquérito.

O Predicativo (i) é preenchido por um SAdj, que (ii) expressa uma propriedade do sintagma, (iii) se intercambiadas, essas expressões dão lugar a uma sentença estilisticamente marcada, e (iv) ambas as expressões podem constituir um único SN:

(14a) Alto é o menino.

(14b) menino alto.

Nem todos os verbos subcategorizam argumentos, e nesse caso não constituirão sentenças. É o caso dos verbos muito gramaticalizados, como *ser* expletivo de (16):

(16) Fulano é que chegou = Fulano chegou,

e de expressões como *fazer [de conta] que*, como em

(17) Um policial faz que inspeciona o hospital = Um policial inspeciona o hospital.

As relações não argumentais constituem a *estrutura de figura* da sentença, por oposição à estrutura de fundo.

Bom, agora que dispomos de uma percepção do que é a estrutura argumental da sentença, podemos inspecionar nossos dados, lançando mais projetinhos no pedaço. Vejamos como os falantes constroem o Sujeito e o Objeto Direto em nossas entrevistas. Depois, daremos um balanço sobre o modo como os falantes organizam o Tema e o Rema sentenciais.

1.2.1 - O Sujeito

Para examinar como se constrói o Sujeito na LF, formularemos as seguintes perguntas aos nossos dados: (1) Qual é a relação entre o sujeito e o Tema sentencial? (2) Que classes gramaticais preenchem a função de sujeito? (3) Qual é a posição do sujeito na sentença? Sobre o sujeito elíptico, v. item 3.2.

(1) Sujeito e Tema sentencial. A Construção de Tópico

Esta primeira questão tem por objetivo estabelecer uma transição entre o estudo do texto e o estudo da sentença. Para encaminhá-la, retomemos a Teoria da Articulação Tema-Rema. Segundo essa teoria, o Tema é o constituinte que figura em primeiro lugar na sentença.

Vale a pena lembrar que não há correspondência estrita entre Tópico conversacional (= categoria do sistema discursivo) e Tema sentencial (= categoria do sistema gramatical). Assim, numa conversa sobre *"fita"*, esse Tópico pode sintaticizar-se como uma construção de tópico (*A fita ela estava sobre a mesa*), como sujeito (*A fita estava sobre a mesa*), como *objeto direto* (*Alguém apanhou a fita*), como adjunto (*Na fita estavam as revelações mais terríveis*), e assim por diante. Uma demonstração adicional dessa falta de correspondência entre uma categoria do Discurso (o Tópico Conversacional) e uma categoria da Gramática (o Tema sentencial) já apareceu no item 1.2 do capítulo anterior.

Se o Tema é o primeiro constituinte da sentença, que expressões os falantes estão dispondo nessa posição? Examinando a construção do Tema sentencial na entrevista D2 SP 333, parte da qual transcrita como exemplo (1) neste livro, constatei que predominaram os SNs (52%, 76% dos quais nucleados por pronomes), seguidos das anáforas zero (24%), dos Sintagmas Preposicionados, doravante SPs (11%), dos Sintagmas Adverbiais, doravante SADVs (6%) e dos Verbos monoargumentais (7%).

Mas todos esses Temas assumiram a função de sujeito? Claro que não. Nos mesmos materiais acima, o Tema funcionou como Sujeito em 74% dos casos, como Adjunto Adverbial em 17%, como Verbo Apresentativo em 7% e como Objeto Direto em 2%.

A pesquisa mencionada acima mostra que o Tema-sujeito é predominantemente um Nome ou um Pronome. Ilari (1986b) estava certo quando afirmou que o Tema constitui uma "ação de referência", como vimos na introdução ao Cap. II.

Outro fato interessante é que no lugar do Tema sentencial figura, frequentemente, uma Construção de Tópico (CT). Uma CT é um SN que vem antes da sentença, como em

(18)

a casa da fazenda	*ela*	*era*	*uma casa*	*antiga tipo colonial brasileiro janelas largas*

(DID SP 18: 8),

ou no final, como em:

(19) mas o cinema sempre... sempre continuou a existir... o cinema brasileiro...
(EF SP 153: 39-45)

caso em que o SN tem sido denominado "antitópico".

Refletindo sobre a CT de (18), constata-se que ela fornece um quadro de referências, a partir do qual vai girar a predicação contida na sentença. A CT estaria sintaticamente "fora da sentença", pois o lugar argumental de sujeito já está preenchido por *ela*. É como se o SN *a casa da fazenda* tivesse sido atirado para fora dos limites sintáticos. Tudo bem, Você já notou que, de todo modo, esse SN foi retomado pelo pronome *ela*, e com isso se pode reconhecer uma ligação entre a CT e o sujeito de (18). Mas será sistemática essa retornada da CT por um pronome?

Pontes (1987) estudou longamente as CTs no português escrito e falado. Ela mostrou que frequentemente se trata de complementos ou adjuntos deslocados para a esquerda da sentença. Na LF, raramente o lugar ocupado originalmente pela expressão deslocada é preenchido por um pronome-cópia:

(20) A Belina o Hélio levou para a oficina [CT Objeto direto].
(21) Meu cabelo desta vez eu não gostei nem um pouco [CT Oblíquo - a autora o capitula como objeto indireto].
(22) Isso eu tenho uma porção de exemplos [CT Adjunto Adnominal].
(23) Isso aí eu tenho muita dúvida [CT Complemento Nominal].
(24) O seu regime entra muito laticínio? [CT Adjunto Adverbial].

Em (20), nota-se a ausência do pronome-complemento *a* (ou *ela*) depois de *levou*. Nos demais exemplos, ao mover-se para a esquerda os SPs perderam a preposição, fato longamente analisado por Rocha (1996). Cf.

(21a) Desta vez eu não gostei nem um pouco de meu cabelo.
(22a) Eu tenho uma porção de exemplos disso, etc.

Pontes mostra que na LE o espaço sintático original é mais sistematicamente preenchido por pronomes oblíquos, como em

(25) <u>O encanto pelo</u> Rio, eu o encontro em cada bairro que morei.
(26) <u>Os maus</u> dá-me ímpetos de enforcá-<u>los</u>.

E aí, seus alunos topicalizam muito enquanto conversam? Que funções sintáticas eles estão deslocando para a esquerda? Não vá me dizer que eles só produzem sentenças canônicas, "tudo em cima", cada coisa em seu lugar. Nesse caso, eles estariam "falando como um livro", o que nem de longe deve ser o caso...

(2) Classes de preenchimento da função de sujeito

Numa indagação-piloto, Castilho et alii (1986a) encontraram nos materiais do Projeto NURC/SP 30% de sujeitos elípticos, 42% de sujeitos pronominais e 28% de sujeitos nominais. Não são frequentes os sujeito sentenciais.

Os sujeitos nominais podem ser tanto um SN único, quanto uma sequência de SNs, constituindo-se o "efeito-lista", em que o falante hesita:

(27)

	u::ma pessoa	
	um Diretor lá da Folha	*certa feita me chamou*
e		*me incumbiu*
de	*Ø*	*escrever sobre televisão*

Já vimos no Cap. 1 as motivações discursivas que levam os falantes a listarem vários candidatos a sujeito.

(3) Ordem de colocação do sujeito

Com respeito à ordem de figuração do sujeito, sabemos que em nossa língua o SN que desempenha essa função pode antepor-se ou pospor-se ao verbo. Destes, na mesma pesquisa-piloto mencionada acima, 60% figuraram na ordem Sujeito-Verbo (SV), e 40% na ordem Verbo-Sujeito (VS). Procurando os fatores condicionantes da ordem apurada, e restringindo a observação aos sujeitos nominais, constatou-se que a ordem SV é favorecida pelo SN (i) foneticamente "leve", isto é, que contenha até 7 sílabas, (ii) sintaticamente construído com Especificadores dispostos à esquerda do núcleo [Artigos, Demonstrativos, Possessivos, Indefinidos], (iii) semanticamente não específico e agentivo, (iv) informacionalmente já conhecido e (v) textualmente já mencionado. A ordem VS é favorecida pelo SN (i) foneticamente "pesado, isto é, que contenha mais de 7 sílabas, (ii) sintaticamente construído por

Complementadores [SAdj, SP e relativas] dispostos à direita do núcleo, (iii) semanticamente específico e não agentivo, (iv) informacionalmente novo e (v) textualmente mencionado pela primeira vez.

O fator (i) documenta a interface Fonologia / Sintaxe: propriedades fonológicas do SN têm um correlato sintático.

A descoberta do fator (ii) revelou uma interessante harmonia entre sintagmas e sentenças: quando "maior" o lado esquerdo do SN-sujeito, tanto mais ele "corre para a esquerda da sentença", gerando a ordem SV. Quanto mais ele tiver crescido para seu lado direito, tanto maior a tendência a se dispor no lado direito da sentença, isto é, VS. Isso quer dizer que as regras mentais de geração de sintagmas e de sentenças são as mesmas.

Os fatores (iii) e (iv) mostraram igualmente outro ponto interessante. De acordo com a Teoria da Articulação Tema-Rema, o Tema é informacionalmente "velho" e semanticamente "não específico", isto é, ele carreia uma informação já conhecida, representada por uma expressão cujo correlato semântico é indefinido. Já o Rema propriamente dito, caso do OD, é informacionalmente "novo" e semanticamente específico, isto é, carreia uma informação nova, definida, mencionada pela primeira vez. Ora, a posição habitual do Tema-sujeito é antes do Verbo, e a do Rema propriamente dito é depois do Verbo. Quando, por qualquer razão, o falante codifica no sujeito a informação nova, ele a desloca para a posição pós-verbal, típica do OD. Esta questão poderia ser analisada em classe, para verificar se os dados dos alunos confirmam ou não o que se achou na linguagem dos adultos.

Berlinck (1989) foi atrás da história da ordem VS no Português Brasileiro, pesquisando em documentos dos séculos XVIII a XX. Ela começa por citar dois autores bem separados no tempo: o gramático português Jenônimo Soares Barbosa, do final do século XVIII (sua *Gramática Filosófica da Língua Portuguesa* foi publicada em 1803), para quem as ordens SV ou VS "são ambas naturais", e a linguista brasileira Eunice Pontes (1987), para quem a ordem predominante é SV, e a ordem VS *"se mantém em casos especiais, sobretudo em orações marcadas em relação à oração declarativa, afirmativa, neutra"*.

Essas observações lhe deram uma pista: até que ponto uma variação livre, intuída por Soares Barbosa, cedeu o passo a uma ordem mais rígida, postulada por Pontes?

Os dados de Berlinck apontam para um decréscimo da ordem VS, com 42% de ocorrências no séc. XVIII, 31 % no séc. XIX, e apenas 21% no séc. XX. Esses resultados confirmaram as intuições de Jerônimo Soares Barbosa ("tanto faz") e de Eunice Pontes ("predomina SV"). Na continuação do texto, Berlinck procura identificar os fatores que motivaram essa ordem nos séculos estudados. Mas agora a bola está com Você. Observe qual o percentual de anteposição e de posposição de sujeitos sentenciais na fala e na escrita de seus alunos. Refaça a análise em textos escritos de "outros autores", e compare os resultados. Com seus achados, escreva uma minigramática da colocação do sujeito, com dois capítulos: no primeiro, verifique se ao falar e ao escrever antepomos ou pospomos o sujeito nas mesmas proporções estatísticas; no segundo, situe a "posição histórica" de seus alunos em relação ao ritmo descoberto por Berlinck. Por fim, saia atrás de um editor para a sua gramática.

Bom agora Você já dispõe de um plano sistemático para o estudo do processamento do sujeito nos seus materiais. Agregue a ele outras perguntas. Quanto aos SNs-sujeito, que classe predomina em seu núcleo: nomes? pronomes? Que razões discursivo-textuais Vocês podem identificar para explicar a predominância ora de nomes, ora de pronomes? Lembre-se que os nomes são predominantemente referenciais, e os pronomes da primeira e da segunda pessoas remetem aos "atores" da entrevista, enquanto que os de terceira pessoa retomam informações já dadas, ou anunciam informações a dar. E quanto aos sujeitos elípticos, são mais ou menos frequentes que os sujeitos preenchidos por sintagmas? E como está a questão da concordância do verbo com o sujeito? Como é que os alunos estão se virando nesse particular? Talvez haja diferenças de acordo com a modalidade de língua sob exame e o nível socioeconômico do autor das sentenças. Depois disso, repita a pesquisa num texto de LE. Numa notícia de jornal, por exemplo. Contando as ocorrências e fixando seus percentuais, compare agora seus achados em ambas as modalidades de Português, e saque algumas características adicionais da LF e da LE. Isso é muito mais inteligente (e mais divertido) do que ficar decorando definição e fazendo exercícios com aquelas sentenças isoladas! Pense um pouco na besteira essencial da análise sintática habitual em nossas escolas: o professor fornece sentenças soltas (isso existe no mundo?), faz uma pergunta, e o pobre do aluno corre atrás do prejuízo: contextualiza-a de algum modo e prepara a resposta. Se ele contextualizar a sentença diferentemente do professor, terá grandes chances de errar na resposta, levando bomba. Tá certo isso? Será que não há coisas mais interessantes a fazer?

1.2.2 - O Objeto Direto

O estudo do Objeto Direto (OD) pode seguir o mesmo ritmo acima: com que classes os falantes o constroem, e onde o colocam: depois ou antes do verbo? E como fica o OD elíptico? Quanto a este, aguarde o item 3.3 deste capítulo.

(1) Classes de preenchimento do OD

Duarte (1989) descreveu o OD num corpus de língua falada, constituído de 40 horas de entrevistas com falantes de São Paulo, originários de três camadas socioculturais (curso primário, curso colegial, curso superior) e de três faixas etárias. Ela encontrou quatro processos de preenchimento do OD: (1) Clítico acusativo, apenas 4,9% das ocorrências, como em

(29) Ele veio do Rio só para me ver. Então eu fui ao aeroporto para buscá-lo;

(2) Pronome lexical (= o famoso *ele* acusativo), 15,4% das ocorrências, como em:

(30) Eu amo meu pai e vou fazer ele feliz;

(3) SN, 17,1% das ocorrências:

(31) Ele vai ver a Dondinha e o pai da Dondinha manda a Dondinha entrar, ele pega o facão...
(32) No cinema a ação vai e volta. No teatro você não pode fazer isso;

(4) Categoria vazia (= OD elíptico), 62,6% das ocorrências:

(33) O Sinhozinho Malta está tentando o Zé das Medalhas a matar o Roque. Mas ele é muito medroso. Quem já tentou matar Ø foi o empregado da Porcina. Ontem ele quis matar Ø, a empregada é que salvou Ø.

Os resultados de Duarte mostram o seguinte: (i) Falantes que têm o mesmo perfil sociocultural tendem a não preencher o lugar do OD, optando por sua elipse. (ii) Quando essa função é preenchida, dá-se preferência a um SN de núcleo nominal ou de núcleo pronominal, elegendo, neste caso, o pronome *ele*. Isso aponta para o desaparecimento do clítico acusativo *o* no Português do Brasil.

Refletindo sobre os possíveis condicionamentos sociais, Duarte indagou se a idade, a formação escolar, a formalidade/informalidade da situação exerceriam alguma influência na escolha das estratégias de representação do OD. Ela constatou o seguinte: a) Os clíticos não aparecem entre os falantes jovens, e só começam a ser utilizados à medida que estes progridem em sua formação escolar. Isto aponta para o fenômeno de diglossia: o clítico *o* não é mais aprendido em casa, só mesmo na escola, o que mostra sua debilidade no Português Brasileiro. b) Nas situações mais formais, evita-se o pronome *ele*, e cresce a utilização dos SNs, mas de qualquer forma o clítico não é utilizado. Essa é mais uma evidência de que o clítico *o* bate em retirada, resistindo apenas na LE. Mas Duarte investigou também as atitudes dos falantes diante da possibilidade de escolher pronomes lexicais ou clíticos. Ela descobriu que os falantes do Português de São Paulo consideram pedante o uso dos clíticos nas situações informais, e estigmatizam o uso do pronome lexical nas situações formais, mesmo que o empreguem no dia a dia.

(2) Ordem de colocação do OD

Braga (1986) estudou a topicalização do OD nos dados do Projeto Censo Linguístico do Rio de Janeiro, em construções do tipo:

(34) Laranja eu chupo.

Ela notou que os seguintes fatores favorecem a deslocação à esquerda do OD: (i) OD preenchido por pronome demonstrativo neutro, (ii) OD codificador de *"entidades inferíveis e evocadas e apenas secundariamente entidades novas"*, (iii) ODs que implicam numa retomada de item anteriormente mencionado, o que faz do OD deslocado um fator de coesão textual.

1.2.3 - Mais sobre o processamento do Tema e do Rema sentenciais

Os itens 1.2.1 e 1.2.2 acima retratam muito parcialmente o modo como os falantes adultos cultos processam o Tema e o Rema sentenciais. Danes (1966) sugere um trabalho bem interessante: partindo da ideia de que essas categorias são dinâmicas, que se aprende sobre a organização textual, indo do Tema sentencial para o Tópico conversacional? Alguns esquemas podem ser aí identificados: o Tema caótico, o Tema constante, o Tema fendido e o Tema derivado. Venham exemplos:

(1) Tema caótico

Nas conversações mais espontâneas, não planejadas, o falante hesita em fixar-se em determinado tema, produzindo sequências truncadas, que dão lugar às reticências:

(35) aí a lama desceu sobre os barracos... o corpo de bombeiros ficou lá embaixo... pastel... criança berrava pela mãe.. o governador em Nova Iorque... a escola de samba... aí então... mas do que é mesmo que eu estava falando?

(2) Tema constante

O Tema é sempre o mesmo, podendo ser introduzido por um substantivo e retomado por pronomes ou por uma anáfora zero. Ele se articula com diferentes Remas, num procedimento comum nas narrativas:

(36) o cinema brasileiro... nun::ca... nunca morreu... houve sempre uma continuidade... ah marginalizado... ah completamente... (...) mas o cinema sempre... sempre continuou a existir... o cinema brasileiro... e no começo dessa década... que nós vamos abordar aqui... o cinema brasileiro estava exTREmamente vivo... (EF SP 153: 39-45, em Castilho-Preti Orgs. 1986: 91).
(37) o rei vivia muito chateado... esse rei era viúvo... e ainda por cima Ø tinha um filha solteirona... ele concebeu um plano para casá-la... Ø começou então a procurar um príncipe...

(3) Tema derivado

O Rema de uma sentença anterior fornece o Tema da sentença seguinte, observando-se os seguintes processos:

(i) repetição do mesmo item lexical:

(38) e eu queria uma fuga... a minha fuga... era deitar na cama (UD E do exemplo 1);

(ii) o tema derivado é uma nominalização do Rema:

(39) o assassino foi preso ontem... sua prisão deixou todo mundo aliviado;

(iii) o tema derivado é preenchido por um substantivo inferido a partir do Rema:

(40) o Diretor da escola encarregou os professores de organizar a festa... a decisão foi tomada na última reunião;

(iv) o tema derivado tem uma relação antonímica com algum termo do Rema:

(41) soluções técnicas para resolver o problema da moradia popular temos em excesso... a escassez está na vontade política para enfrentar esse problema...

(4) Tema fendido

Um Subtópico textual se desdobra em diversos Temas sentenciais, como em

(42) A Linguística é a ciências dos signos verbais. A Pragmática estuda as relações entre os signos e a sociedade. A Semântica, as relações entre os signos e seus referentes. A Gramática, as relações dos signos entre si. Pó, professo,; até aqui!!

Exercícios desse tipo mostram algumas interessantes correlações entre o modo de construir o texto e o modo de construir a sentença.

1.3 - A Adjunção

Adjuntos, vamos nos lembrar, são termos sentenciais ligados fracamente ao verbo e, por isso mesmo, não pronominalizáveis. Vou limitar-me a estudar o Adjunto Adverbial, para o que será necessário, inicialmente, ter uma ideia tão clara quanto possível do que seja o Advérbio. Esse cuidado tem interesse, pois não é qualquer Advérbio que funciona como Adjunto.

A gramática tradicional do Português considera o Adv como *"fundamentalmente, um modificador do verbo"*: Cunha-Cintra (1985: 529). Além da modificação, atribui-se também aos Advs o papel de adjetivar (*"o Adv é o adjetivo do V"*) e de substituir (*"o Adv substitui o SP"*).

A Nova Nomenclatura Gramatical Brasileira, publicada em 1959, apresenta sete espécies de Advs:

(1) Afirmação: *sim, certamente, efetivamente, realmente.*

(2) Dúvida: *acaso, porventura, possivelmente, provavelmente, quiçá, talvez.*

(3) Intensidade: a*ssaz, bastante, bem, demais, mais, menos, muito, pouco, quanto, quão, quase, tanto, tão.*

(4) Lugar: *abaixo, acima, adiante, aí, além, ali, aquém, aqui, atrás, através, cá, defronte, dentro, detrás, fora, junto, lá, longe, onde, perto.*

(5) Modo: *assim, bem, debalde, depressa, devagar, mal, melhor, pior e a maioria dos terminados em -mente.*

(6) Negação: *não, nunca, jamais.*

(7) Tempo: *agora, ainda, amanhã, anteontem, antes, breve, cedo, depois, então, hoje, já, jamais, logo, nunca, ontem, outrora, sempre, tarde.*

Outras gramáticas, e também a Nomenclatura Gramatical Portuguesa, acrescentaram a estes os de

(8) Ordem*: primeiramente, ultimamente, depois.*

(9) Inclusão: *(inclusive, somente, mais, também, até) e Exclusão (apenas, salvo, senão, só).*

(10) Designação: *eis.*

(11) Realce: *lá, cá,* em "*sei lá*".

(12) Retificação: *aliás, ou antes, isto é, ou melhor.*

(13) Situação: *afinal, agora, então* (em "*então conheceu a vizinha?*"), *mas* (em "*desculpe-me... mas sente-se mal?*").

(14) Advérbios Interrogativos: *de causa (por que?), de lugar (onde?), de modo (como?) e de tempo (quando?).*

Mas que classe complicada, hein? O pior de tudo é o raio dessa lista, que pode mostrar tudo, menos como essa classe funciona na língua. Para atender a essa curiosidade, teríamos de identificar a atuação semântica e a atuação sintática dos Advs.

Quando à atuação semântica, a gramática tradicional acertou ao apontar a modificação como o traço forte dos Advs. O problema é que, se examinarmos a lista acima a partir desse ponto de vista, veremos que nem todos os Advs modificam. O outro problema é que habitualmente a gramática atribui aos Advs o papel sintático de adjunção, o que tampouco é verdadeiro. Vamos olhar mais de perto essas questões.

Sejam os seguintes exemplos, nos quais consideramos tanto os Advs (isto é, itens que integram uma classe morfologicamente configurada) quanto os Adverbiais (isto é, as locuções adverbiais, constituídas por SNs ou por SPs que assumem as funções dos Advs):

107

(43) Provavelmente hoje vai chover
(44) Muitas vezes repeti que este assunto não era fácil.
(45) Discutiu francamente seu problema.
(46) Cheguei aqui anteontem.
(47) um médico era só médico o engenheiro era só engenheiro... pelo menos naquela altura (D2 SP 360: 1546).
(48) Expliquei, sim, que não aceitaria aquele encargo.
(49) não é bem restaurante... é lanchonete mesmo (DID RJ 328: 647).
(50) a coisa mais fácil é comprar qualquer coisa... agora... sustentar (...) é que são elas (D2 SSA 98: 1387).

O caráter modificador dos Advs só pode ser comprovado nas sentenças de (43) a (45), em que *provavelmente, muitas vezes* e *francamente* modificam, respectivamente, toda a sentença (tornando duvidoso seu conteúdo), o verbo (quantificando-o) e de novo o verbo (qualificando-o). Na lista acima, também os Advs de intensidade, os de modo e alguns em *-mente* incluídos entre os de afirmação e dúvida podem modificar a classe sobre que incidem. Pelo mesmo critério não passam os Advs nas sentenças de (46) a (50).

Em (46), os Advs de tempo e de lugar indicam as circunstâncias em que se deu o estado de coisas descrito pelo verbo; eles são decididamente dêiticos, e como podem funcionar como argumentos do verbo, melhor se disporiam entre os pronomes. Em (47), *só* inclui *os médicos e os engenheiros* em determinado conjunto, sem que se altere o sentido desses itens. Em (48), *sim* afirma e *não* nega o conteúdo verbal, tornando uma sentença como *"expliquei que aceitaria aquele encargo"* totalmente inconsistente com *"não expliquei que aceitaria aquele encargo"*. Em (49), *bem* focaliza o referente do N que se lhe segue. Finalmente, em (50), *agora* funciona como um conectivo textual, promovendo a ligação de dois subtópicos, retomando o anterior e anunciando o seguinte. Em nenhum desses casos se deu uma modificação da extensão ou das propriedades intencionais da classe-alvo. Bonfim (1988) traz outras observações de interesse para uma avaliação da descrição dos advérbios na língua portuguesa.

Para dar conta desses e de outros casos, pesquisadores do Projeto de Gramática do Português Falado optaram por reconhecer nos Advs não uma classe homogênea, mas *"pelo menos um conjunto de expressões que funcionam de maneira sensivelmente semelhante"*: Ilari et alii (1990: 78). De maneira bastante intuitiva, foram identificadas duas *"dimensões para a classificação das expressões tradicionalmente reconhecidas como advérbios: a primeira dimensão é a dos segmentos sintáticos a que o advérbio se aplica (...) e a segunda dimensão é a das 'funções' que os chamados advérbios desempenham"*. O grupo reconheceu, assim, que é impossível reunir todos os advérbios sob a função única da modificação. Vejamos isto mais de perto.

A dimensão semântica implica em identificar três funções semântico-sintáticas nos Advs: a predicação, a verificação e a conexão.

A "predicação (ou modificação)" é a propriedade que têm os Advs de tomar por escopo um termo do enunciado, ou mesmo um participante do discurso, dando-lhe uma contribuição semântica. Esta é a propriedade mais evidente dos Advs, e a Gramática Tradicional fixou-se nela em seus esforços de caracterização desta classe difícil. Como predicadores, os Advs se aproximam grandemente do verbo e do adjetivo.

A "verificação" tem uma definição negativa: ela é a "não predicação". Por esta propriedade, certos Advs *"comparam as proposições próximas quanto a seus valores de verdade"*, afirmando, negando, incluindo, excluindo ou focalizando toda a sentença ou constituintes dela: Ilari et alii (1990: 93).

Finalmente, os Advs de conexão ordenam segmentos do enunciado, funcionando como coesivos textuais. Estes Advs se aproximam grandemente das Conjunções sentenciais que, como se sabe, derivam historicamente de Advs.

A dimensão sintática implica em distinguir os Advérbios de Constituinte (AdvC) dos Advérbios de Sentença (AdvS).

Os AdvC se aplicam a um constituinte sentencial, funcionando como constituintes de um SAdj ou de um SV. Eles são passíveis de focalização por "*é que*", pela interrogação e pela clivagem: v. exemplos (46) e (45).

Os AdvS se aplicam a toda uma S, e por isso são passíveis de paráfrase por uma sentença com o verbo "*ser*" + o adjetivo que está na base do advérbio; assim, (43) pode ser parafraseado como

(43a) é provável que hoje vá chover,

em que *provavelmente* funciona como um hiperpredicador, a que se subordina a sentença *hoje vai chover*.

Ilari et alii (1990) deixaram de fora os Advs "de discurso", que funcionam como conectivos textuais, propondo as seguintes classes semânticas dos Advs: entre os Advs Predicativos, os Qualitativos, os Intensificadores, os Modalizadores e os Aspectualizadores; entre os Não predicativos, os de Verificação *de re* (Afirmação, Negação, Inclusão/ Exclusão e Focalizadores), *de dicto* (Denegação, Afirmação, Focalização) e os Circunstanciais (de Lugar e de Tempo). Alguns exemplos:

(51) comer bem; buzinar brabamente [Qualitativos].
(52) fala muito; procurar bastante [Intensificadores].
(53) precisa realmente estar convencido; felizmente essa fase ainda não começou [Modalizadores].
(54) normalmente eles se divertem aos sábados [Aspectualizador].
(55) põe um ou mais tomates, não mais do que isso [Negação].
(56) [esse caminhão] sim passa.... mas ocupa a estrada toda [Afirmação de re].
(57) trabalhei só / apenas / inclusive no início de casada [Inclusão]
(58) são autenticamente brasileiros; queria falar justamente a respeito disso [Focalizadores].
(59) os três primeiros... não... nos primeiros meses daquele trimestre [De negação de dicto].
(60) acordar de manhã cedinho [Tempo].

O arranjo acima ganharia em nitidez se os Predicativos fossem reordenados, segundo a proposta que formulei em Castilho (1993). Procurei aí identificar primeiramente as macrofunções semânticas desses Advs, examinando que contribuição eles dão a sua classe-sujeito; penso que a modalização, a qualificação e a quantificação sejam essas macrofunções. Depois, identifiquei os tipos secundários, de que resultou o quadro a seguir,e em que os não predicativos foram mantidos em seu arranjo original.

1.3.1 - Advérbios Predicativos

A) Modalizadores: esses Advs verbalizam uma avaliação sobre o conteúdo da classe-sujeito. O estudo desse mecanismo permite ordená-los em (1) Modalizadores Epistêmicos: a avaliação toma em conta o valor de verdade do segmento modificado, como em "*realmente, provavelmente, possivelmente, talvez*"; (2) Modalizadores Deônticos: o estado de coisas avaliado é considerado como algo que deve acontecer: "*obrigatoriamente, necessariamente*"; (3) Modalizadores Afetivos: o falante expressa uma reação pessoal em face do conteúdo que está sendo avaliado, como em "*felizmente, sinceramente*". Para uma discussão dessa classe, v. Castilho e Moraes de Castilho (1990).

B) Qualificadores: esses Advs afetam as propriedades intencionais da classe-sujeito. A investigação desses processo permite identificar os (1) Qualificadores Graduadores, normalmente tratados pela Gramática Tradicional como Intensificadores. Deve-se lembrar que alguns desses Advs agem num sentido inverso, atenuando a classe-sujeito, como "*pouco*", "*escassamente*", etc. Nesse caso, o melhor seria admitir que os Graduadores compreendem os Intensificadores (classe de "*muito*") e os Atenuadores (classe de "*pouco*"). (2) Qualificadores Quase-Argumentais: são os que funcionam como constituintes do SV. A Gramática Tradicional os descreve como "Advs de Modo":

(61) Falei francamente tudo o que queria,

que corresponde a

(61a) Falei com franqueza tudo o que queria.

(3) Qualificadores Aspectualizadores: integram esta subclasse aqueles Advs que afetam o caráter télico dos verbos, mudando suas propriedades intensionais. São télicos os verbos que codificam uma ação cujo começo e fim ocorrem simultaneamente; *morrer* é télico, e *caminhar* é atélico. Assim, o verbo "*cair*", normalmente télico, passa a exemplificar o Aspecto Imperfectivo em

(62) A chuva caiu lentamente naquela tarde de verão

dada a intervenção do Adv Qualificador Aspectualizador "*lentamente*".

C) Quantificadores: esses Advs afetam a extensão da classe-sujeito, da seguinte forma: (1) Quantificadores Delimitadores: restringem a extensão da classe-sujeito, como em

(63) Linguisticamente, o Adv é uma classe complicada pra caramba.

em que o Adv *linguisticamente* restringe a complicação dos Advs unicamente a determinado domínio científico. Essa classe foi descrita no Português por Moraes de Castilho (1991). (2) Quantificadores Aspectualizadores: ampliam a extensão da classe-sujeito, expressando o Aspecto Iterativo, como em

(64) Frequentemente me pergunto se em vez de passar sábados e domingos digitando textos, não deveria estar na praia.

(3) Quantificadores Aditivos / Subtrativos: adicionam ou subtraem indivíduos de um conjunto, como em

(65) Mais feijão e menos conversa, faça o favor!

Em (65), a combinação de *"mais"* e *"menos"* com nomes /contáveis/ produziu o significado de adição / subtração. Se os nomes predicados fossem /nado contáveis/, o efeito seria de Qualificação Graduadora Intensificadora, como neste diálogo de uma saloia com seu labrego:

(66) Mais amor e menos confiança, ó gajo!

<u>1.3.2 - Advérbios Não Predicativos</u>

Entram aqui os de Negação, Afirmação, Inclusão/Exclusão e Focalização. Excluí os Circunstanciais de Tempo e de Lugar porque, como já disse anteriormente, eles são dêiticos, e podem funcionar como argumentos sentenciais, o que os retira definitivamente de entre os Advs, dispondo-os mais naturalmente entre os pronomes. A classe dos pronomes, portanto, acolheria esses falsos Advs, como Pronomes Circunstanciais, ao lado dos já conhecidos Pronomes Pessoais, Demonstrativos, Possessivos e Indefinidos.

<u>1.3.3 - Advérbios Coesivos</u>

Esses Advs ligam segmentos do enunciado, como em

(67) Traduzir é servir. Consequentemente, trabalho de inferiores. João do Rio, FSP 28/3/1993.
(68) Agora farei um tremendo discurso sobre os advérbios. Primeiramente, discutirei seu estatuto categorial. Em segundo lugar, falarei sobre sua distribuição nos textos escritos, e então procurarei destrinçar suas manhas semânticas. Agora, o primeiro aí que bocejar vai ter que catar exemplos.

Em (67) e (68), os Advs não modificam as classes próximas, nem verificam seu valor de verdade. Eles apenas conectam segmentos do texto, exercendo o papel de conjunções textuais. Como já assinalei anteriormente, esses Advs funcionam como Conjunções sentenciais, assunto a que voltarei no item 4.

Mas afinal, que Advs funcionam como adjuntos? Só os Advs de constituinte, é claro, visto que os Advs. de Sentença ocupam um lugar na hierarquia sintática superior ao da sentença que tomam por escopo. A gramática tradicional mais recente não postula uma função para eles. Proponho que sejam considerados como Hiperpredicadores, como se pode constatar pelo exemplo (43a).

2. Construção sentencial por reativação

Durante uma conversa, é frequente retomar a coisa já dita, e ficar repetindo expressões por razões pragmáticas, como a necessidade de manter o turno, por exemplo.

Na LE, a repetição é amaldiçoada por todos os manuais de estilo! Mas na LF ela tem um papel constitutivo que não pode ser ignorado. Assim, deixe de lado seus preconceitos contra a repetição, e examine suas transcrições gramaticais com uma mente bem aberta ao funcionamento da língua. Afinal, continuamos interessados em revelar o conhecimento linguístico dos falantes, tal como se revela... em sua fala!

A Repetição (R) de expressões linguísticas decorre de pelo menos dois mecanismos discursivos presentes na Conversação, e analisados no Cap. 1: (i) O *sistema de turnos*, que são os procedimentos através dos quais os interlocutores alternam suas intervenções, fazendo da conversação um conjunto de turnos. O falante repete para manter seu turno. (ii) O *sistema de correções*, que são os procedimentos de reelaboração da fala, nas autocorreções, ou da fala do interlocutor, nas heterocorreções, para assegurar seu direito à voz ou para "assaltar" o turno de quem o detém. Tanto num caso quanto noutro, os interlocutores reativam itens lexicais, repetindo-os, o que permite ao observador desvendar importantes mecanismos de construção da sentença.

Existe uma considerável literatura sobre a R na LF, em que foram considerados os módulos discursivo, semântico e gramatical. Para a R no módulo discursivo e no módulo semântico, v. item 2 do Cap. III. Já a abordagem gramatical da R aparece num universo mais reduzido de estudos. Casteleiro (1975) tratou da *"redundância sintática e expressiva"*, enumerando casos em que a R dá lugar aos quiasmos e às topicalizações. Perini (1980) tinha hipotetizado que a função da R não contígua é restaurar a estrutura canônica das sentenças, através da sintaticização de segmentos fragmentados. Em seus dados, esse mecanismo explica 42% dos casos. Blanche-Benveniste (1985) sustenta que a R deveria receber *"um estatuto de descrição linguística, independentemente do efeito agradável ou desagradável que suscita"* (p. 110). Em Blanche-Benveniste (1990: 176-182) ela volta ao assunto, examinando as Rs lexicais, os deslocamentos de itens e as Rs de estruturas. Dik (1989: 52) dá pistas para o estudo da geração das sentenças, quando afirma que *"um falante pode começar [a produção de uma sentença] pela seleção da moldura do predicado, especificando em seguida os termos por ele requeridos, e assim produzir uma predicação plena, ou, então, pode começar pela formação de um ou mais termos, e então selecionar a moldura do predicado para chegar a uma predicação apropriada"*. O estudo da R dos nomes comprova empiricamente esta afirmação de Dik, como veremos a seguir. Braga (1990) hipotetiza que o estudo das Rs pode levar a identificação do "sotaque sintático". Castro (1994) mostrou que adjetivos e nomes repetidos, como em *"comprou um lenço claro claro. Não é pajem pajem...* *é arrumadeira"* não ocupam o mesmo lugar no eixo paradigmático, devendo antes ser analisados como integrantes do eixo sintagmático, visto que o segundo item toma o primeiro como seu escopo, produzindo um efeito de restrição da extensão. Esse processo implica em comprometer a protipicidade do primeiro item, afirmando a protipicidade do segundo. Neves e Braga (1996) trataram dos padrões de R na articulação de orações, focalizando as causais e as condicionais. Pezatti (1996) e Camacho (1996) estudaram, respectivamente, a R do juntivo *ou* e das coordenadas aditivas. Castilho (1997c) apresenta um plano sistemático de observações.

Uma série de intuições atravessa esses estudos, e ainda estamos longe de uma síntese. Neste livro, vou concentrar a atenção na R do nome. Comecemos por alguns exemplos, em que **M** representa a matriz, e **R** o segmento da matriz que foi repetido:

(69)

M *a gente não enxerga*	*por bloqueio*	
R	*e esse bloqueio*	*tem de acabar*

(EF RJ 251: 67)

(70)

M só depende	da temperatura	
R	mas a temperatura	muda

(EF RJ 251: 176)

(71)

M funciona mal	aquele negócio de...	
R	aquele negócio de limite de idade	funciona muito mal

(D2 SP 360: 980)

Uma rápida inspeção nesses dados permite logo de entrada verificar a enorme complexidade que envolve a R. Como de costume, vamos fazer algumas perguntas motivadas pela observação dos exemplos encontrados nas entrevistas, e transcritos devidamente.

2.1 - Que itens lexicais podem ser repetidos?

Todos os itens lexicais podem ser repetidos. Na transcrição de uma entrevista com acadêmicos de Letras da Universidade de São Paulo, gravada em 1996 pelos alunos C. Sawada, C. C. Borella, K. G. de Toledo, M. de Araújo e S. D. Paião, quantifiquei sintagmas repetidos e sintagmas não repetidos, apurando os seguintes percentuais de segmentos repetidos: SNs, 6%; SAdjs, 10%; SPs e SAdvs, 12%; SVs, 13%. Esses dados evidenciam, também, que a R não é um fenômeno quantitativamente expressivo. Apesar disso, ela revela particularidades do processamento verbal, como espero demonstrar.

2.2 - Quais são os tipos de repetição?

Nos três exemplos acima, temos Rs contíguas, por contraste com as Rs não contíguas, quando entre M e R aparecem materiais linguísticos: v. os exemplos dados no item 2.1 do capítulo anterior. Pode-se também distinguir a R idêntica, quando os segmentos M e R apresentam materiais linguísticos iguais, estruturados da mesma forma, e desempenhando a mesma função, da R alteradora, quando o segmento R adiciona / subtrai / substitui materiais de M, ou mesmo recategoriza sintaticamente M, como em (69) a (71).

115

2.3 - Qual é o papel da repetição na construção dos sintagmas?

Há muitos exemplos em que se constrói a estrutura do sintagma na LF, a medida que seus constituintes vão sendo repetidos. Assim, em (71), agregou-se um Complementador ao SN. Uma pergunta auxiliar poderia ser assim formulada: "haverá alguma harmonia entre a R de constituintes funcionais da sentença e a R de constituintes do sintagma? Constituintes à direita do núcleo do sintagma seriam mais suscetíveis de repetir, tanto quanto os constituintes à direita do Verbo?" Pesquisas sobre a R na sentença respondem pela afirmativa, como veremos no quesito a seguir, mas faltam indagações relativas a constituição dos sintagmas. Olhe aí mais um trabalhinho para Você e seus alunos!

2.4 - Qual é o papel da repetição na construção da estrutura argumental da sentença?

Em (71), a R levou a construção de uma estrutura sentencial especular: a R movimentou o constituinte pós-verbal para a esquerda, dando origem a um quiasmo. Este fato é extremamente comum nas línguas românicas.

Mas é a observação da R do nome que oferece as pistas mais interessantes sobre a construção da estrutura funcional da sentença. Os dados permitem chegar a algumas conclusões quanto ao lugar sentencial que favorece a R, e as alterações funcionais que se pode surpreender nos nomes repetidos.

Comecemos pelo lugar sentencial que favorece a R. Bessa Neto (1991: 126) e Marcuschi (1992: 124) constataram que SNs situados à direita do Verbo são mais repetidos do que aqueles à esquerda do Verbo. No primeiro trabalho, p. 126, reconhece-se que *"(1) os itens lexicais repetidos ocorrem sempre em posição pós-verbal; (2) o verbo a que se seguem é predominantemente transitivo; (3) pertencem predominantemente a classe dos substantivos; (4) desempenham predominantemente a função sintática de objeto; (5) recobrem predominantemente referentes inanimados, e (6) ocorrem predominantemente num conjunto que abriga mais de duas orações".*

Nossos dados confirmam essa tendência, de motivação funcional bastante óbvia. Por outro lado, essa descoberta permite afirmar que a R é inversamente proporcional as rupturas da adjacência, vale dizer, a desativação de propriedades, descritas por Tarallo-Kato (1990, esp.

pag. 47), e detalhadas no item 3 deste capítulo. Esses autores comprovaram que há maior frequência de rupturas no espaço entre Suj. e Flex, e menor frequência no espaço entre o Verbo e CO (= OD) e C1. Pode-se concluir que a baixa densidade informativa favorece a interrupção, ao *passo que a alta densidade informativa favorece a repetição.*

Quanto às funções sentenciais atribuídas aos nomes em processo de R, vejamos inicialmente os seguintes exemplos:

(72)

olha		
M	*trem*	
R1 *eu sou fã*	*de trem*	
R2 *eu acho*	*trem*	*assim...*
R3 *eu escolheria*	*o trem*	
R4	*No trem*	*eu acho que há o repouso integral*
R5	*o trem*	*não tem mobilidade*
R6	*o trem*	*é mais estável*
R7	*o trem*	*tem a vantagem sobre o avião*
R8 *eu vou tomar*	*o trem*	
R9 *uma viagem*	*Por trem*	*sempre repousou*

(D2 SP 255: 239-257)

(73)

M *por exemplo*	*poluição*	
R1 *agora todo mundo fala*	*poluição*	
R2	*poluição*	
R3 *o controle não dá para*	*de poluição*	
haver controle		
(..................................	....	..................................)
R4 *quer dizer*	*poluição*	visual... auditiva

(D2 SP 343: 142-155)

(74)

M *L2 - vamos dizer*	*Ipanema...*	*então há um status de sociedade*
(..................................	....	..................................)
R1 *L1 - mas se bem que*	*de Ipanema*	
R2 *L2 - não... não é só*	*Ipanema...*	*Copacabana... não*
R3	*Ipanema...*	
R4 *acho que o problema que tem*	*em Ipanema*	*é problemas que...*

(D2 RJ 147: 327-332)

(75)

	química	
professor	de química	não tem
não tem	química	
	de química	não tem professor
o cara que gosta	de química	
fazer o curso	de química	
o cara quando quer fazer	química	
vai fazer engenharia	química	
ele vai pensando em	química	
trabalhar com engenharia	em química	né?
eles já trabalham		
Já fizeram curso na OSI lá	de química	não sei
acho que é na OSI que	de química	sei lá
faz curso		
agora que eles estão fazendo		
Osvaldo Cruz...		
	química	

(LPVII, 1996; exemplo recolhido por A. Mendes)

Quando o falante promove uma R alteradora de nomes, ele vai mudando a respectiva função sintática. Ao fazê-lo, ele adota um ritmo previsível, o que evidenciaria que a R é um fenômeno gramatical, no sentido de "regular". Assim, uma Construção de Tópico (CT) quando repetida e reanalisada, exibindo um papel temático e um caso sintático de que não dispunha na M. Em (73), a CT *"trem"* vai sendo recategorizada a medida que se repete: adjunto em R1, objeto direto em R2 e em R3, de novo adjunto em R4, sujeito em R5, R6 e R7, de novo objeto direto em R8 e adjunto em R9. Fenômenos semelhantes ocorrem nos exemplos (73) a (75). Nesses casos de R alteradora, a mudança imprimida nas funções sentenciais configura a seguinte hierarquia implicacional: Construção de Tópico > Argumento Interno [OD, OI, OBL] > Adjunto > Argumento Externo > Categoria vazia. Creio que essa observação é da mais alta importância para o entendimento do caráter construtivo das Rs na LF.

Os exemplos (69) e (70) evidenciam também o papel coesivo da R alteradora, nos quais os itens *"bloqueio"* e *"temperatura"* passam de integrantes do Rema na M a Temas na R, exemplificando o esquema do Tema Derivado. Blanche-Benveniste (1991: 178) associa a estas reanálises o que ela chama de *"glissements à gauche"*.

118

2.5 - Há relações entre repetição e construção da sentença por desativação?

Em (76), uma R alteradora teve por efeito a elipse de constituintes: o núcleo *"pessoa"* é apagado em R3, logo após sua inserção. A elipse pode ser considerada como o passo extremo no processo de R. Segundo Marcuschi (1988), a elisão de sintagmas repetidos ocorre frequentemente "da esquerda para a direita", como em:

(76)

M	não é mais	aquela pessoa	assim admirável	
R1		aquelas pessoas	calmas	
R2		Ø	tranquilas	
R3		Ø	que dificilmente perdem	a calma
R4		Ø	Ø perdem	o controle
R5		Ø	Ø falam	
R6		Ø	Ø falam pausadamente	

(D2 SP 360: 121-126).

Ao contrário, a R alteradora por adição de constituintes opera da direita para a esquerda, como em (71).

Finalmente, uma curiosa ocorrência em que verbos e nomes se alternam aos pares. Trata-se de uma entrevista dada por um aluno de Letras da USP, que transcrevi assim:

(77)

> *teve livros*
> *que eu caí na besteira de comprar*
> *mas teve livros*
> *que eu caí na besteira de comprar*
> *e eu notei o seguinte*
> *caí na besteira*
> *porque os livros nunca mais abri*

(LPVII, 1996; exemplo recolhido por A. Mendes)

O esquema formal encontrado no exemplo (77) traz à memória as cantigas medievais portuguesas, como nesta paralelística de Martin Soares, recolhida sob número 974 no Cancioneiro da Vaticana:

Foy hun dia Lopo jogral
a cas d'un infançon cantar
e mandou-lhe ele por Don
dar tres couces na garganta,
e fuy-lh' escasso, a meu cuydar,
segundo como el canta.

Escasso foy o infançon
em seus couces partir entom,
ca non deu a Lopo enton
mays de tres ena garganta,
e mays merec' o iograron,
segundo como el canta

Segundo Álvaro Júlio da Costa Pimpão, historiador da Literatura Medieval Portuguesa, a canção paralelística é um *"sistema expressivo que põe a descoberto os dois polos da arte – repetição e variação – e em que domina a repetição, elevada a principio estruturador"*. Ora, os séculos que separam o poeta medieval do aluno da USP pesaram muito pouco sobre eles. O que se constata e que um e outro acabaram reunidos num mesmo impulso de criação linguística, via R de itens, um voltado para a caracterização do próprio tédio, e o outro divertindo-se à custa do jogral Lobo. Enfim, se Você pensava que reflexões gramaticais "não tem nada a ver" com a reflexões literárias, se enganou. LF, LE literária, tudo é a mesma Língua Portuguesa com seus mistérios. O lance é ir descobrindo as ligações entre essas modalidades linguísticas, relativizando aquele papo antigo que a gente sempre ouve na sala dos professores:

A - *"Detesto gramática, ah diabo de coisa árida, por mim só lecionaria literatura"*.
B - *"Já eu sou mais gramática, gramática tem tudo a ver, sei lá"*.

Pois é, parece que teremos de mandar alguém catar coquinho...

3. Construção da sentença por desativação

Segundo a hipótese formulada neste livro, o falante escolhe um verbo, e ativa nele a propriedade da transitividade, selecionando nomes ou pronomes argumentais e não argumentais, compondo assim a sentença. Ainda segundo essa hipótese, um componente discursivo-computacional acarreta a reativação ou a desativação dessas propriedades. Já vimos os efeitos da reativação no item 2. Neste item, vejamos com que cara fica a sentença quando nosso computadorzinho mental aconselha uma desativação.

Pesquisadores do Projeto de Gramática do Português Falado propuseram que a sentença tem na LF duas estruturas que importa descrever: a estrutura de "fundo", dada pelo verbo e por seus argumentos, examinada no item 1 deste Capítulo, e a estrutura de "figura", dada pelos elementos discursivos que permeiam o fundo, descontinuando a sentença. Essa estrutura de fundo emerge por desativação da capacidade subcategorizadora do predicador.

Eles propuseram o seguinte modelo de sentença para a LF, de interesse para o estudo das descontinuações sentenciais:

$$S \rightarrow [... Tóp (...Suj... V+Flex...CØ...C1...) Antitóp...]$$
S[entença], Tóp[ico], Suj[eito], V[erbo] + Flex[ão], CØ [OD], C1
[outros complementos], Antitóp[ico] ... [espaços de preenchimento]

O fundamento da fórmula acima está na questão da adjacência dos constituintes na sentença do Português do Brasil, levantada inicialmente por Kato (1987), a partir de sugestões do linguista norte-americano Michael Stowell. Segundo esse autor, em línguas como o inglês não é possível inserir expressões discursivas (como as hesitações, os marcadores conversacionais) ou adjuntos adverbiais entre o elemento que atribui caso (= o predicador) e o termo que dele recebe caso (= os argumentos). Kato supôs para o Português a possibilidade de rupturas nesses espaços sentenciais, o que motivou dois estudos: Tarallo-Kato et alii (1989) e Tarallo-Kato et alii (1990). O primeiro estudo mostrou que em apenas 23.6% das sentenças houve ruptura, das quais 12% no espaço entre o sujeito e o verbo, e 12% no espaço entre o verbo e o argumento interno. Ampliando o campo de observações de modo a incluir as rupturas pré e pós-sentenciais, e ainda entre o verbo cópula e seu termo adjacente, eles encontraram os seguintes casos de sintaxe interrompida:

(78) você se quiser vai a pé [ruptura no espaço Suj... Verbo]
(79) eu pago... <u>agora não me lembro assim de cor mas é um determinado número</u>...
não sei quanto de UPCs [ruptura entre Verbo e CØ]
(80) ele é... é... era do... dois mil e oitocentos [ruptura entre Cópula e Predicativo]
(81) <u>quer dizer</u>... ele deve ter sido formado em odontologia [ruptura antes da sentença]

(82) eu assisti à bola de ouro dele... quer dizer.. uma coisa rara ainda... né...
bodas de ouro [ruptura depois da sentença].

No segundo estudo procurou-se verificar que elementos preenchem os espaços interfuncionais, constatando-se o seguinte: (i) Em 62.8% dos casos, a fronteira intersentencial não é preenchida por elementos lexicais de qualquer espécie, isto é, não há desativação. (ii) Há mais preenchimentos antes do tópico e do sujeito [portanto na margem mais à esquerda da sentença] do que após o verbo. (iii) Os elementos discursivos e os adjuntos são os principais preenchedores. (iv) Mulheres lexicalizam mais que os homens os espaços intersentenciais, o que permite falar num "sotaque sintático".

Interpretando esses achados, Mary Kato escreveu o seguinte, na introdução de um dos volumes da série "Gramática do Português Falado": *"Parece que no PB, quando há um argumento nulo, sujeito ou objeto, há uma tendência a compensar o vazio com um preenchedor No caso do complemento, a tendência é escolher um adjunto. No caso do sujeito nulo, o falante tem duas escolhas: preencher a posição anterior ao sujeito nulo com um preenchedor discursivo, ou a posição posterior ao sujeito nulo com um adjunto. Em ambos os casos a construção V___ inicial é evitada":* Kato (Org. 1996: 23).

Isto quer dizer que no Português Falado há uma correspondência entre desativar a propriedade de transitividade do Verbo (produzindo argumentos elípticos) e ativar a de construção do Adjunto e de elementos discursivos. Ligando esta observação à do item 2.4, relativa à ocorrência de repetições nos espaços em que não se descontinua, constata- se que há mesmo uma simultaneidade de instruções quanto a ativar / reativar / desativar propriedades dos itens lexicais.

3.1 - Desativação do núcleo do predicado

Uma vez instalado no fluxo da consciência, o verbo pode ser elidido, como se vê em

(83)

Doc. agora ( )	a terra	como é que era preparada?	
	∅	∅	*manualmente*
ou	∅	∅	*mecanicamente?*
Loc. bom...	*até o::*		
bom...	∅	∅	*manualmente sempre*
quer dizer	∅	∅	*com enxada*

(DID SP 18: 71-76)

No exemplo acima, tanto o Doc. quanto o Loc. omitem *era preparada"* (e também o argumento externo *"a terra"*), concentrando-se o Rema nos advérbios e no adjunto adverbial, os quais operam como predicadores secundários.

A descontinuação pode dar lugar a proformas verbais, sejam os chamados "verbos vicários", como *fazer,* sejam advérbios como *também*: a este respeito, v. Vogt (1977: 121). Estas constatações poderiam dar surgimento a projetinhos específicos sobre as condições e as consequências da omissão do Verbo.

3.2 - Desativação do argumento externo

Observando o Português em comparação com outras línguas, observou-se que nossa língua se inclui entre as de parâmetro "pro drop", distinguindo-se de línguas que não "deixam cair", isto é, não omitem argumentos sentenciais. Para Você dar-se conta disso, basta construir sentenças simples como *"Vi"* em Inglês (= *"I saw him"*) e em Frances (= *"Je l'ai vu"*). Comparando tais sentenças, Você notará, em seguida, que em Português não é obrigatório reter o sujeito ou o OD de *Vi*, e mesmo assim a sentença está bem construída, é entendida por qualquer falante. Ora, no Inglês e no Francês seriam inaceitáveis sentenças como * *"Saw"*, * *"Ai vu"*. Por outras palavras, em nossa língua é possível representar os argumentos do verbo seja através das classes mencionadas no item 2, seja simplesmente fazendo um silêncio. O nome técnico para esse silêncio é "categoria vazia" (ou nula, elíptica, oculta). Ao ouvir uma sentença como "Vi", procuramos no discurso anterior quem ou o quê foi visto, pois o "silêncio sintático" dispara em nossa mente uma instrução do tipo: "procure por ai o OD", já que o sujeito está indicado na morfologia de vi. As categorias vazias, portanto, representam um tipo especial de anáfora. Já quem fala Inglês ou Francês não dispõe dessa liberdade toda. Dizemos, então, que o Português é uma língua "pro drop". Que chique, não? Saia por aí contando pro povo essa descoberta, Você fará o major sucesso! E depois, comparando o Português do Brasil com o Português de Portugal, pesquisadores notaram que a localização da categoria vazia não e idêntica nessas duas variedades: no Brasil omite-se mais o objeto direto do que o sujeito, enquanto que em Portugal a relação seria inversa.

Galves (1984,1988) e Kato (1993) tem dado uma interpretação gerativista a esse fenômeno, enquanto que Tarallo (1986), Omena (1978) e

Duarte (1989) a abordam de um ângulo variacionista. Segundo Tarallo, há um apagamento de 34.4% do sujeito, contra 81.8% do objeto direto e 59.2% do objeto indireto. Resultados muito semelhantes foram alcançados pelas outras autoras. Seria muito importante comparar esses resultados com os da LE. Em algumas pré-análises, em que parti de textos jornalísticos, a retenção dos argumentos é mais acentuada que sua elisão, o que talvez se explique pela função maiormente informativa desse tipo de corpus.

Já vimos em 2.5 que as elipses estão ligadas à repetição. Parece haver também uma relação entre o traço semântico do sujeito e seu ocultamento. Num pequeno estudo sobre as condições de apagamento do Sujeito, mostrei que a agentividade do sujeito favorece sua elisão, enquanto que a não agentividade favorece sua retenção, numa proporção de 63% para 37%, respectivamente: Castilho (1987).

Na literatura recente sobre a elisão do sujeito, vem-se estabelecendo uma relação entre morfologia verbal rica e omissão do sujeito, e, ao contrário, morfologia verbal pobre e retenção do sujeito. A hipótese é particularmente instigante no caso do Português, pois essa língua vem "simplificando" sua morfologia. Assim, de um quadro de seis formas verbais (como em *canto, cantas, canta, cantamos, cantais, cantam*), tivemos, com a substituição de *tu* por *você*, e *vós* por *vocês*, uma redução para quatro formas (visto que *você(s)* leva o Verbo para a terceira pessoa), e depois, para três formas, quando se começou a substituir *nós* por *a gente* (que também leva o Verbo para a terceira pessoa).

Kato, Nascimento et alii (1996b) chegaram a resultados que nem sempre confirmam a correlação "morfologia pobre - sujeito nulo". Examinando dados do Projeto NURC, eles constataram que em apenas 19% das ocorrências de sujeito na primeira pessoa do singular ocorreu o sujeito nulo. Essa manifestação do sujeito mostrou-se preferida nos seguintes casos: segunda oração coordenada, oração raiz, oração dependente, verbo inacusativo, verbo com argumento interno oracional, segunda e terceira pessoas - este, um resultado particularmente inesperado. Como eles reconhecem, *"justamente a pessoa marcada morfologicamente tem menor ocorrência de sujeitos nulos que as pessoas não marcadas"* (p. 260).

E agora que Você pegou gosto pelo assunto, saiba que o Português já ocultou o sujeito mais do que hoje em dia! Duarte (1993) foi atrás disso, examinando peças teatrais de escritores brasileiros, dos sécs. XIX e XX. Fichando tudo com muita paciência, ela achou os seguintes valores: 80% de sujeito Ø em 1845, 78% em 1882, 75% e 1918, data a partir da qual cai dramaticamente o percentual, ate atingir, em 1992, menos de 30%! Quer dizer, neste final de milênio estamos acabando com a raça do sujeito oculto, e preenchemos seu lugar em 70% dos casos, se não errei na conta. Segundo Duarte, ainda mantemos o sujeito oculto (i) na primeira pessoa do singular, "em orações independentes com verbos simples no presente ou passado, quase sempre precedidos por uma negação, ou com uma locução verbal" (p.119), como em:

(84) Ø Não posso mais ficar aqui a tarde toda, não, Ø tirei quatro notas vermelhas. Ø Preciso dar um jeito na minha vida.:

(ii) na mesma pessoa, em orações subordinadas:

(85) Eu não sei se Ø vou conseguir numa sessão só,

(iii) na segunda pessoa, nas interrogativas:

(86) Ø já se esqueceu?
(87) Ø falou com ele?

Haveria por trás disso a motivação morfológica já mencionada: se é possível reconhecer o sujeito pelos morfemas número-pessoais *{o}*, *{y}* e *{w}* dos exemplos (84) e (85), para que preencher essa função com o pronome *eu?* Mas note que a coisa não é tão simples, pois na primeira sentença de (85) o *{y}* de *sei* esclarece que se está falando da primeira pessoa, e mesmo assim lá veio o *eu*. Em (86) e (87) uma evidente característica discursiva, o fato de que se estás falando com um você, dispensaria o uso desse pronome.

E agora? Quem tem razão? Parece que o certo é observar se a idade, o nível socioeconômico dos brasileiros e a modalidade falada ou escrita que eles estão usando não estariam criando diferentes gramáticas do sujeito oculto. Quer dizer, não podemos esperar que fenômenos tão variados como são as línguas haveriam de admitir uma única regra gramatical para, por exemplo, "zerar" o sujeito. Pode ser que tenhamos várias gramáticas do sujeito nulo o no Português Brasileiro, convivendo numa boa. A variedade vivifica, a uniformidade mata. Mas é evidente que teríamos de identificar os fatores que estão por trás de cada uma dessas gramáticas. Da sua contribuição ao debate! Estude como seus alunos estão se virando com essa regra. Pesquisando nas "entrevistas concedidas por seus alunos", depois de gramaticalmente transcritas, compare inicialmente os casos de preenchimento com os de não preenchimento. Nos dados do Projeto NURC, há entre 60 % e 70% de sujeitos preenchidos. Portanto, entre 40% e 30% dos sujeitos são elípticos – um pouco mais do que os valores encontrados por Duarte (1993). Mas note que ela operou sobre a LE, mesmo sendo os diálogos das peças teatrais. Depois disso, tente identificar as razões que os levam ora a manter, ora a elidir o sujeito. Provoque uma grande discussão entre seus alunos, para ver como se pode entender esse fenômeno. Gramática é debate, não é decoração de regras.

Estas observações precisam ser complementadas por mais pesquisa. Seria necessário indagar se complementos nominais e complementos verbais estão sujeitos às mesmas regras de omissão. E para ficar só com os complementos verbais, será que o OD nulo funciona do mesmo jeito que o OI e o OBL nulos? Com a palavra Você e seus alunos!

3.3 - Desativação dos argumentos internos

Vou mencionar apenas a elisão do OD, retomando as descobertas de Duarte (1989). Entre outras questões, ela se pergunta se haveria condicionamentos sintáticos que expliquem essa elisão. Para trabalhar sua hipótese, a Autora distinguiu as estruturas sentenciais em simples (S+V+OD, S+V+OD+OI) e complexas (S+V+OD+Predicativo). Separando os ODs preenchidos dos não preenchidos, ela constatou o seguinte:

(1) Se o falante constrói uma estrutura simples, aumentam as possibilidades de elidir o OD, o que ocorre em S+V+OD [62,3% de não preenchimentos, contra 37.7% de preenchimentos], e em S+V+OD+OI de (88):

(88) Conta essa história do seu avô de novo. Você já contou Ø pra ele?

em que há 78% de não preenchimentos, para 22% de preenchimentos.

(2) Se o falante opta por uma estrutura complexa, aumentam as possibilidades de retenção do OD, seja por meio do pronome *ele*, seja por meio de uma sentença infinitiva, como em

(89) Eu não tenho nada pra reclamar não. Eu acho <u>ela</u> sensacional,

(90) Ontem ele foi ao cardiologista. Eu já deixei ele ir ao cardiologista sozinho há muito tempo.
(91) Eu queria ter uma irmã. Eu acho ter uma irmã tão bom!

(3) A idade e a formação escolar não tem a menor importância na emergência da categoria vazia, o que mostra que a elipse do OD está bem estabelecida na estrutura dessa variedade do Português.

Estudando 453 sentenças do D2 SP 62, encontrei apenas 17% de ODs elípticos, contra 82% de ODs expressos, resultados que se chocam com os de Duarte. Por que será? A entrevista que examinei integra o corpus do Projeto NURC, em que as entrevistas eram tematicamente orientadas, dando mais importância à informação do que à interação propriamente dita. Isto pode explicar os resultados obtidos, e, portanto, poderíamos formular a hipótese de que nos textos mais densos de informação não se elide o OD. Se Você refizer essas pesquisas no seu corpus, e ainda na LE, certamente encontrará outros tantos valores, o que será de interesse para se entender como, nas diferentes situações de uso da língua, mudamos a frequência de preenchimento / não preenchimento das funções sentenciais. Isto significaria que não há uma só "gramática" do OD, e sim "gramáticas em convivência".

Também aqui, reflexões diacrônicas sobre a constituição do quadro identificado por Duarte são bastante reveladoras. Assim, no quadro de um trabalho sobre as estratégias de pronominalização no Português Brasileiro, Tarallo (1983) comprovou uma continuada queda no preenchimento de OD, conforma demonstra esse quadro que ele apresenta à pp. 166 e 193 de seu trabalho:

Frequência da retenção de OD anafórico em cinco momentos históricos

Primeira metade do séc. XVIII	82%
Segunda metade do séc. XVIII	96,2 %
Primeira metade do séc. XIX	83,7%
Segunda metade do séc. XIX	60,2%
Corpus sincrônico (1982)	18,0%

Esse quadro aponta para o século XX como o momento decisivo para a virada no processamento do OD: sendo uma função de preenchimento praticamente obrigatório até a primeira metade do sec. XIX, a partir de então é a categoria vazia que predominará nesse lugar da sentença. Isso certamente tem a ver com a mudança sofrida pelos clíticos. Seu desaparecimento da gramática do PB justificaria a preferência pela categoria vazia.

As observações de Tarallo foram confirmadas por Cyrino (1990). Ela mostra que a partir da segunda metade do séc. XIX começam a aparecer os primeiros pronomes lexicais *ele* em função de OD, numa frequência de 8.6% se comparados com os clíticos.

E seus alunos, o que será que eles fazem com o OD? Que tal fazer um projetinho igual ao de Duarte? Posso assegurar que será bem mais proveitoso e divertido do que ditar um ponto de gramática, apresentar como exercícios só o que "se encaixa", intercalando bocejos entre uma chatice e a outra.

4. Ligações sentenciais e gramaticalização das conjunções

No item 1.3 do Cap. II, andamos observando o trabalho dos Marcadores Conversacionais "orientados para o texto", tendo constatado que eles operam ali na ligação de UDs. Ainda que de passagem, sugeriu-se que Advs. podem transformar-se em conjunções sentenciais. Parafraseando o Gênesis, e soltando um pouco a imaginação, poderíamos dizer que *no começo eram as conversas no Éden, com seus maravilhosos marcadores conversacionais; ao mesmo tempo, caracterizaram-se os conectivos textuais, expressos por meio de Advs Não Predicativos; no sétimo dia, apareceram as conjunções sentenciais, e aí se fez a Sintaxe.* Tudo muito bonito, agora, o diabo é comprovar isso tudo. É o desafio deste item. Vamos lá.

Para examinar essa hipótese, teremos de admitir que as palavras estão continuamente sujeitas ao processo de <u>gramaticalização</u>. Vamos entender por isso *"o caminho percorrido por uma palavra, ao longo do qual ela muda de categoria sintática, recebe propriedades funcionais na oração, sofre alterações semânticas, morfológicas e fonológicas, e inclusive desaparece, como consequência de uma cristalização extrema"*: Castilho (1987a).

A hierarquia lexical já mencionada atrás, pela qual os itens do Léxico se dividem em *palavras principais, palavras acessórias* e *palavras gramaticais*, capta essa caminhada. Os Advs figuram aí entre as palavras acessórias, isto é, eles mesmos já provêm da gramaticalização de palavras principais. E de fato, um nome como <u>tipo</u> vira de repente um Adv. Delimitador, em expressões como *"bom... que tal comer uma pizza?"*. Isso para não falar na palavra latina *passu*, que deu o Adv de Negação arcaico *passo*, na expressão *"falarei <u>passo</u>"*. Hoje como ontem, substantivos cansam da vida que levam e pulam

128

para o barco dos Advs. Mas nem todos ficam aí, e continuam suas andanças, acabando um dia como conjunções sentenciais. "Acabando" ficou meio anticlimático, não?

E claro que não dará para examinar aqui todas as conjunções de nossa língua à luz dessa hipótese. Vou fixar-me em algumas delas. Entendendo bem os pressupostos teórico-metodológicos dessa percurso (ou, por outras palavras, aprendendo o caminho das pedras...), Você poderá completar o quadro, trabalhando com seus alunos. Para dispor de um plano sistemático de observações, comecemos por estabelecer uma tipologia das ligações sentenciais.

4.1 - Tipos de ligação sentencial

Sejam as seguintes ocorrências:

(92) O aluno falou e o professor saiu.
(93) O aluno que falou era o melhor da classe.
(94) O aluno falou que o professor tinha saído.
(95) O aluno falou quando o professor saiu.
(96) O aluno falou tanto que ficou rouco.
(97) Escreveu, não leu, o pau comeu.
(98) Não pagou, foi para a cadeia.

Os enunciados acima tem em comum disporem de mais de um verbo, contendo, portanto, mais de uma sentença. Nos cinco primeiros enunciados, as sentenças estão ligadas por classes tais como *e*, *que*, *quando*. Nos dois últimos, uma pausa, assinalada na LE por uma vírgula, estabelece uma relação que pode ser interpretada como de condição, explicitável pela paráfrase

(97a) Se escrever e não ler o pau comera,

ou de causa, como em

(98a) Foi para a cadeia porque não pagou.

Olhando esses dados mais de perto, nota-se que diferentes tipos de relação foram estabelecidas entre a primeira e a segunda sentença, o que se pode demonstrar alterando a ordem de figuração das sentenças no interior dos enunciados.

Em (92), a inversão de sua ordem nos leva a um enunciado gramatical e semanticamente aceitável:

(92a) O professor saiu e o aluno falou.

O mesmo não ocorre com os demais casos, em que a inversão das sentenças a partir das conjunções dá origem a construções marcadas, como em (94a) e (95a), ou mesmo inaceitáveis, como em (93a), (96a) e (97b), ou, ainda, duvidosas, como (98b):

*(93a) *Que falou era o melhor aluno da classe o aluno.*
(94a) Que o professor saiu o aluno falou.
(95a) Quando o professor saiu o aluno falou.
*(96a) * Que ficou rouco o aluno falou tanto.*
*(97b) *O pau comeu, não leu, escreveu.*
(98b)? Foi para a cadeia, não pagou.

Esse teste mostra que as sentenças acima estão estruturadas de formas diferentes.

Em (92), ambas as sentenças são reversíveis, nenhum termo da segunda está subcategorizado ou ligado por adjunção a algum termo da primeira, sendo que cada uma constitui um ato de fala. Isso mostra que elas têm o mesmo nível. Diremos que elas constituem *estruturas independentes, ou coordenadas.*

Em (93), a sentença *"que falou"* está encaixada no SN *o aluno*, de que faz parte como um Complementador. Em (94), a sentença *"que o professor saiu"* está encaixada no SV *falou*, de que é um argumento interno. Em (95), a sentença *"quando o professor saiu"* é um Adjunto do SV *falou*, como se vê pela possibilidade de substituí-la por um SP que funciona como Adjunto Adverbial:

(95b) O aluno falou naquele momento.

Acresce que essas sentenças constituem um único ato de fala. Constatamos que há uma relação de dependência entre elas. Diremos que elas constituem *estruturas dependentes, ou subordinadas.*

Em (96), nota-se que a sentença *"que ficou rouco"* se correlaciona *com falou tanto*, de tal forma que a omissão de *tanto* daria origem a uma sentença não parafraseável por (96):

130

(96b) O aluno falou que ficou rouco,

pois (96b) ficaria sintaticamente semelhante a (94), que é outra estrutura. Nota-se, também, que é impossível omitir *tanto quanto*:

(96c)? O aluno falou ficou rouco.

Reconhecemos que há uma relação de interdependência entre essas sentenças, que constituem as *estruturas interdependentes, ou correlatas.*

Esses três tipos de relação intersentencial constituem as *Sentenças Complexas*, entendendo-se por isso duas ou mais sentenças que funcionam como constituintes de uma unidade maior, estruturando-se tais constituintes coordenada, subordinada ou correlatamente. A gramática tradicional cunhou para estes casos a expressão "período", que tem a deficiência de criar outra unidade para a Sintaxe. Ora, operando com as unidades *sintagma* e *sentença*, é possível analisar as expressões nesse nível. Se um dos termos constituintes de uma sentença é outra sentença, tudo bem, diremos que tal sentença se complexificou. ; Não é necessário inventar outra unidade para isso. As mesmas regras de construção de uma sentença simples dão conta das sentenças complexas.

Não é pacifica, na literatura especializada, a forma de tratar as sentenças complexas. A maior parte dos Autores desconsidera a correlação, classificando as sentenças complexas a partir dos seguintes parâmetros:

(1) Sentenças complexas estruturadas por justaposição: uma sentença se apõe a outra, sem qualquer nexo conjuncional. São aqui reunidas as Justapostas e as Assindéticas, como em (97) e (98).

(2) Sentenças complexas estruturadas por coordenação: uma sentença se coordena a outra por meio de nexos conjuncionais. Como há uma relação de independência entre elas, não é adequado considerar a primeira como a "principal". Afinal, cada elemento coordenado tem natureza sintática idêntica à dos demais elementos. Um elemento coordenado não modifica o outro, no sentido de que não lhe dá qualquer contribuição semântica, como em (97) e (98).

(3) Sentenças complexas estruturadas por encaixamento são aquelas em que uma sentença está encaixada num constituinte da outra: (i) O encaixamento ocorreu no SV da primeira sentença, estabelecendo-se uma relação argumental entre elas, como em *"Disse que vinha"*:

identificamos uma subordinada substantiva. (ii) O encaixamento ocorreu no SN anterior, estabelecendo-se uma relação de expansão, como em *"O menino que chegou"*: identificamos uma subordinada adjetiva ou relativa. Denomina-se *Matriz* a sentença ou o sintagma que contém o constituinte gerador da dependência. O segmento matriz é o elemento superordenado, modificado semanticamente pelo elemento subordinado. A denominação "principal" tem o defeito de conotar "pensamento principal", verbalizado por essa sentença. Como bem assinala Jespersen (1924: 134), *"importa em primeiro lugar perceber que a ideia principal não é sempre expressa pelo que se chama 'proposição principal'"*. Jespersen tem razão. Em "Acho que vai chover" a informação principal está contida na oração subordinada, e a matriz apenas a modaliza. De novo, Semântica e Sintaxe são módulos autônomos, e um não determina o outro.

(4) Sentenças complexas estruturadas sem encaixamento: uma sentença está em relação de adjunção com outra, como em *"Saiu quando eu cheguei"*. As subordinadas adverbiais integram esse tipo de dependência.

(5) Sentenças complexas estruturadas de tal forma que na primeira sentença figura uma expressão correlacionada com outra expressão, constante da sentença seguinte, como em *"Falou tanto, que ficou rouco"*. Essas são as *sentenças interdependentes ou correlatas*. As complexas correlatas verbalizam dois atos de fala com relacionamento recíproco. Como já mencionei anteriormente, não há unanimidade em admitir estas últimas como um processo de ligação intersentencial.

Se raciocinarmos em termos da teoria dos conjuntos, diremos que as sentenças independentes constituem conjuntos autônomos, as dependentes são conjuntos inseridos em outro conjunto, hierarquicamente superior, e as interdependentes são conjuntos que se interpenetram. Você poderia representar isso graficamente, usando aqueles desenhos dos livros de Matemática.

Vejamos alguns tipos de coordenadas, subordinadas e correlatas, focalizando a atenção no processo de gramaticalização de algumas de suas conjunções.

4.2 - A coordenação

Examinando textos falados e escritos, é possível identificar os seguintes tipos de coordenação:

4.2.1 - Conjuntiva ou aditiva, promovida pela conjunção *e*. O que é dito do primeiro termo, vale para o segundo:

(99) Vi um homem e um cão.

Mas anda por aí muito *e* que encabeça o enunciado, parecendo a um enunciado anterior, não verbalizado. Mattos e Silva (1989: 655) reconhece que *"O e, além de expressar a cópula de enunciados e de constituintes, é profusamente usado no corpus como uma espécie de encadeador da narração, equivalente, poderíamos dizer, ao aí hoje tão comum em narrativas orais informais"* Ela encontrou diversas evidências desse uso no português trecentista, em que *e* parece conservar traços semânticos de um antigo uso adverbial, como em *Ide-vos a bõa ventura, ca non ei eu mester cavalo. E eles deceron das bestas e poseron-no contra sa voontade en cima de seu cavalo de que o primeiramente derribaron emcima e foron-se logo muit' ag~iha.*

Scorretti (1989: 234) vai pelo mesmo caminho, mostrando que *e* pode figurar no início do enunciado, posição em que, segundo ele, *"parece ser sintaticamente inativo"*, como em:

(100) E se eu não o encontro?
(101) E dizer que eu mal o conhecia?
(102) E que me importa?

Esse Autor reconhece que tal uso suscita a impressão de um discurso pre-existente à sentença com *e*. Aqui deve estar a chave para o entendimento dos exemplos acima. *E* deve ter sido um Adv, lá pelo tempo dos indo-europeus. Como tal, aparecia marcando conversas retomadas, como nos exemplos de Scorretti, e ainda neste, muito comuns entre nós: *"e ai, cara, andou sumido?"*. De ligador de turnos conversacionais, ele passou a ligador de sentenças, gramaticalizando-se. Assim, quando Scorretti fala num *"e sintaticamente inativo"*, é porque está limitando a Sintaxe ao estudo da sentença. Ora, de (100) a (102), *e* visivelmente liga atos de fala. E daí, não se poderia postular uma sorte de macrossintaxe para apanhar esses casos? Afinal, o mecanismo é o mesmo.

4.2.2 - Disjuntiva ou alternativa: essa coordenação é marcada pela conjunção *ou*. O que é dito para o primeiro termo não vale para o segundo:

(103) Às 8 da noite estarei em casa ou na Universidade.

4.2.3 - Contrajuntiva ou adversativa, marcada por *mas*. O que é dito na segunda sentença contraria as expectativas geradas pela primeira:

(104) Pensei que ia dar certo, mas me enganei.

Essa conjunção tem uma história de gramaticalização lindíssima. Querem que eu conte? Lá vai. Relembremos, inicialmente, que *mas* deriva de *magis,* advérbio latino cujo valor semântico de base era estabelecer comparações de quantidades e de qualidades, identificando-se nele, ainda, valores secundários de inclusão de indivíduos num conjunto:

(105) precisamos de mais professores de Português,
(106) ele tem ,mais livros do que seu vizinho,
(107) falou mais alto do que seu colega.

Em (105) e (106), *mais* toma por escopo as expressões referenciais *professores de Português* e *livros,* funcionando como um Advérbio Não Predicativo de Inclusão. Em (107), ele toma por escopo uma expressão predicativa, o adjetivo *alto,* funcionando como um advérbio predicativo Intensificador.

O valor inclusivo de *mais* o predispôs a atuar no módulo do Discurso, como uma espécie de conectivo de turnos e de unidades discursivas. Esse mesmo valor, após transformações metonímicas, o predispôs a atuar no módulo da Gramática, como uma conjunção de contrajunção. Discurso e gramática, portanto, exploram propriedades léxico-semânticas de *mais*, dando origem a um conjunto de expressões sincrônicas, que poderíamos dispor num eixo que iria de /+ Inclusão/ para /+Contrajunção/. Quero sublinhar que será ilusório supor que haja uma grande nitidez separando um uso do outro. Além disso, é preciso considerar que os "antigos" e os "novos" valores convivem numa mesma sincronia, num mesmo estágio de língua, configurando "gramáticas em convivência".

(1) *Mas* como marcador conversacional

Na interação conversacional, *mas* ocorre no Lugar Relevante da Transição, ligando turnos para organizar uma Unidade de Construção de Turno:

*(108) L2 – não... Recife é a maior cidade do mundo... porque é aqui que o Capi-
baribe se encontra com o Beberibe para formar o Oceano Atlântico
L1 - eu concordo com Você
L2 - ((riu))
L1 - mas então há esse problema... então a coisa se agrava (D2 REC 5:
1197-1202).
(109) L1 - gosto do campo pra dormir... descansar por lá... negócio de cultivar
não é comigo...
Doc. mas você falou que você passava férias numa fazenda...
L1 - eu gosto de andar a cavalo...
Doc. sim mas você não pode descrever pra ele pelo menos como é que é
essa fazenda? (D2 RJ 158: 74-80).
(110) L1 - (...) a televisão está promovendo Flávio Cavalcante
L2 - mas mas só pode promover mesmo (D2 REC 5: 264).*

Situado no início da interrupção da fala do locutor anterior, *mas*
verbaliza por parte do interlocutor sua percepção do completamento
da atividade verbal, e a decorrente necessidade de gerar novas atividades. Desse ponto de vista, muitas construções com *mas* configuram o
Princípio de Projeção Interacional mencionado no Cap. I. Assim, em
(108), o locutor procura retomar o tópico conversacional; em (109),
o documentador toma o turno de L1, insistindo em agregar o tópico
"atividades na fazenda", sobre o qual L1 não parece disposto a falar;
em (110), L2 toma o turno para sublinhar o que L1 quer desqualificar
como argumento. Em todos esses casos, *mas* encabeça os enunciados,
agregando novos enunciados em continuação. O mesmo ocorre com

*(111) L1 - [Lins] não tem muito movimento... éh:: chega seis sete horas
L2 mas que
L1 - todo mundo na rua...ah... não sei deve ter uns...
L2 - tamanho tem lá? quantos habitantes? (D2 SP 343: 60).
(112) L1 - se sair antes das seis da manhã sai melhor porque
L2 - não...
L1 - mas eu acho que
L2 - dá demais em Teófilo Otôni (D2 SSA 98: 135).
(113) L2 - (...) o poeta hoje (...) não precisa mais ficar tuberculoso e morrer
de fome
L1 - não... mas isso aí é outra coisa (D2 REC 5: 480).
(114) Doc - a gente espera que vocês conversem... dialoguem...
L1 - não... mas vocês vão puxar... que nós... não vamos falar nada (D2 SSA
98:5).*

Este valor de *mas* já tinha sido analisado por Dias de Moraes (1987).

(2) *Mas* como conectivo textual

Como se sabe, certos Marcadores Conversacionais funcionam como conectivos textuais, unindo Unidades Discursivas. Ora, os valores léxico-semânticos de *mas* o predispõem a atuar também como ligador dessas unidades, como se pode ver nos seguintes exemplos:

(115) Unidade A - e:: aí eu comecei a prestar atenção naquela tela pequena... vi ... não só que já se fazia muita   coisa boa e também muita coisa ruim... é claro... Unidade B - mas vi também todas as possibilidades... que aquele veículo ensejava e que estavam ali laTENtes   para serem aproveitados (D2 SP 333: 17-23).

(3) *Mas* como conjunção adversativa: gramaticalização

O uso adversativo de *mas* implica (i) na perda de suas propriedades semânticas de Advérbio de Inclusão, preservadas enquanto Marcador Conversacional e enquanto conectivo textual, (ii) na perda ainda mais severa de massa fonética; a este respeito, basta comparar o dissílabo latino *magis* com o monossílabo português *mas*, (iii) no ganho de outras propriedades, notadamente a de contrajunção.

Em seus novos usos, *mas* passa a funcionar como operador argumental, como demonstraram Ducot-Vogt (1979) e Neves (1985). Dias de Moraes (1987: 15) agrega a isto que *"mas acrescenta ao valor sintático de coordenador, isto é, de bloqueador da oposição do segundo segmento ao primeiro, o traço sêmico de desigualdade".* Operando igualmente na linha analítica da Semântica Argumentativa, Koch (1 992b: 36-37) mostra que essa conjunção passa a ter um funcionamento bastante semelhante ao de *embora: "Do ponto de vista semântico, os operadores do grupo MAS e os do grupo EMBORA têm funcionamento semelhante: eles opõem argumentos enunciados de perspectivas diferentes, que orientam, portanto, para conclusões contrárias. A diferença entre os dois grupos diz respeito à estratégia argumentativa utilizada pelo locutor: no caso do MAS, ele emprega (segundo E. Guimarães) a 'estratégia do suspense', isto é, faz com que venha à mente do interlocutor a conclusão R, para depois introduzir o argumento (ou conjunto de argumentos) que irá levar à conclusão ~R; ao empregar o EMBORA, o locutor utiliza a 'estratégia de antecipação', ou seja, anuncia, de antemão, que o argumento introduzido pelo embora vai ser anulado, 'não vale'".*

Será interessante indagar como foi que o valor de soma, preservado no módulo discursivo, atenuou-se no modulo gramatical, surgindo neste o valor de contrajunção. Creio que esse valor representa a culminação de um processo que envolve os seguintes passos: (i) *mas* não contrajuntivo, em sentenças afirmativas, (ii) *mas* contrajuntivo, em sentenças negativas, (iii) *mas* contrajuntivo, em sentenças formalmente afirmativas, porém com um valor implícito de negação de expectativas. Vejamos alguns exemplos dessa escala:

(3.1) *Mas* não contrajuntivo em sentenças afirmativas

(116) a gente vive de motorista o dia inteiro, mas o dia inteiro. (D2 SP 360: 94.)
(117) tem um choque uma diferença uma depressão um vazio... sabe?... uma coisa incrível mesmo...mas incrível (D2 RJ 147: 188).
(118) nós temos tantos amigos desintegrados (...) mas nos só temos amigos assim de família desestruturada (D2 RJ 147: 167).

Os exemplos acima mostram um *mas* gerenciado pelo processo da construção por reativação, com valor semântico ainda inclusivo, ora somando sintagmas, ora somando constituintes de sintagmas, ora somando sentenças, sem que o segmento por ele introduzido se contraponha de alguma forma ao conteúdo do segmento anterior.

(3.2) *Mas* contrajuntivo, unindo segmentos negativos

Nestes casos o segmento negado pode preceder ou seguir o item *mas*. O valor contrajuntivo ainda se concentra nessas negações explicitas, que podem vir expressas pelo Advérbio *não*:

(119) eu acho bonito tudo aquilo como paisagem... assim... mas como meio de vida eu não me adaptaria a isso... eu gosto de ficar em lugares isolados por algum tempo... mas não por muito tempo (D2 RJ 158: 86-88).
(120) ela está lá mas não funciona (D2 SP 343: 101).
(121) talvez os tempos não fossem os mesmos... mas ela conseguiu (D2 POA 291: 207)
(122) [a pajem] não vive em função deles mas de manhã a única função dela é me ajudar com eles (D2 SP 360: 306).

(3.3) *Mas* contrajuntivo em sentenças afirmativas

Agora, o valor de contrajunção não decorre da negação de um dos termos ligados por *mas*, concentrando-se apenas nesse item:

*(123) tem Ituaçu... que é uma cidadezinha lá... que inclusive oferece hospedagem...
mas me disseram que é uma miséria... (D2 SSA 98: 244).
(124) a Fazenda Sampaio... (...) pertence ao Banco do Brasil (...) mas ela é aberta
ao público... (D2 RJ 158: 205)
(125) (o garoto) é mais novo que eu... mas tem uma compreensão... uma visão
fora do comum. (D2 RJ 147. 161).
(126) as mais velhas estão entrando na adolescência mas são muito acomodadas
(D2 SP 360: 41).*

Nessas ocorrências, o valor de inclusão se torna mais abstratizado, ressaltando o de contrajunção. O item desenvolve novas propriedades sintático-semânticas, que poderiam ser assim enumeradas: (1) Internalização da negação, por um processo metonímico. O valor contrajuntivo deve ter derivado da ocorrência de *mas* em contextos de negação. (2) Em consequência disso, *mas* passa a operador argumentativo de contrajunção, negando a expectativa contida no termo anterior. Neves (1995) identificou escassas 17 ocorrências de sentenças concessivas no corpus. Isso pode ser um indicativo, reconhecido pela Autora, de que a concessão será maiormente codificada pelas adversativas. (3) Enquanto operador de inclusão, *mas* tem seu escopo à direita, ligando expressões da esquerda para a direita. Enquanto operador argumentativo de contrajunção, pode-se dizer que *mas* passa a ligar constituintes da direita para a esquerda, contrapondo o termo seguinte ao termo anterior.

Estude, agora, as demais Conjs Adversativas mencionadas nas gramáticas descritivas. É provável que *contudo, todavia, entretanto* se refugiram na LE. Pelo menos, são raras suas ocorrências na LF: Dias de Moraes (1987: 127-128). Perini (1995: 145) mostra que, enquanto *mas* se conserva antes da sentença, que é o lugar das conjunções, *porém* pode navegar à vontade pelo enunciado, evidenciando um comportamento mais adverbial que *mas*. Veja estes exemplos desse Autor:

*(127) Titia adormeceu; porém vovó continuou a cantar
(127a) Titia adormeceu; vovó, porém, continuou a cantar
(127b) Titia adormeceu; vovó continuou, porém, a cantam:
(127c) Titia adormeceu; vovó continuou a cantam; porém.*

4.3 - A subordinação

4.3.1 - Subordinadas substantivas

Aprendemos na escola que as substantivas (como também as adverbiais) podem ser conjuncionais ou não conjuncionais. No primeiro caso, o Verbo está no Indicativo e no Subjuntivo. No segundo, no Infinitivo. Repita o "ritual" já mencionado: separe substantivas conjuncionais de não conjuncionais em textos da LF e da LE, compare os achados e tire suas conclusões.

4.3.2 - Subordinadas adjetivas

As adjetivas resultam do processo de *relativização*, isto é, do relacionamento de dois SNs co-referenciais, de tal sorte que o segundo se "interioriza" no primeiro. Hadlich (1971: 221) reproduz o raciocínio transformacioanalista, em que se postulam "estruturas profundas" com dois SNs co-referenciais, desencadeando-se então a relativização com suas regras de (i) pronominalização do segundo SN, (ii) apagamento deste SN (surgindo nesse lugar sintático uma categoria vazia, que poderá ser preenchida em certas circunstâncias), e (iii) movimento do pronome, quando argumento interno, para a cabeça da sentença:

(128) Um senhor [o senhor sabe muito] → *Um senhor que sabe muito.*
(129) Esta casa [você comprou a casa] → *Esta casa que você comprou.*
(130) O senhor [eu emprestei dinheiro ao senhor] → *O senhor a quem eu emprestei dinheiro.*
(131) A casa [você vive na casa] → *A casa em que Você vive.*
(132) O menino [a casa do menino pegou fogo] → *O menino cuja casa pegou fogo.*

As pesquisas recentes sobre as relativas estabelecem uma correlação entre esse tipo sentencial e o desaparecimento dos clíticos no PB contemporâneo.

Lemle (1978) tinha destacado que no PB há três estratégias de relativização:

(1) Relativa padrão, iniciada por qualquer um dos Pronomes Relativos:

(133) O livro de história cuja capa é amarela sumiu.

(2) Relativa copiadora, iniciada apenas por *que*, preenchendo-se o lugar vazio previsto por Hadlich com outro pronome, co-referencial do relativo (donde o termo "copiadora"):

(134) O livro de história que a capa dele é amarela sumiu.

(3) Relativa cortadora, iniciada apenas por *que*, "cortando-se" as preposições exigidas pela regência:

(135) O livro de história que a capa é amarela sumiu.

Vê-se por esses exemplos que o relativo perde as propriedades de pronome (e por isso não pode mais assumir papel argumental na sentença), conservando apenas o papel de conectivo. Kato (1981) retomou a questão e hipotetizou que as estratégias de relativização dessas sentenças correspondem à gramática de clíticos disponíveis pelo falante. O reconhecimento de uma possível harmonia no tratamento dos clíticos e dos relativos é bastante óbvia, pois ambas as subclasses dos pronomes desempenham um papel fórico, de retomada do que já se disse. Assim, o falante que usar os clíticos na anáfora, como em

(136) Eu descasquei as laranjas e Pedro as comeu

utilizará a Relativa Padrão. O falante que anaforiza por meio de ele, como em

(137) Eu descasquei as laranjas e Pedro comeu elas

selecionará a Relativa Copiadora. Finalmente, o falante que anaforiza através da elipse, como em

(138) Eu descasquei as laranjas e Pedro comeu Ø

selecionará a Relativa Cortadora (exemplos de Kato 1981).

O rápido desaparecimento dos clíticos no PB deve favorecer o uso das relativas copiadoras e cortadoras – e Você deve estar constatando isso entre seus alunos o tempo todo. Tarallo (1983) examinou essa possibilidade no Português de São Paulo, confirmando em parte a hipótese de Kato. Ele demonstra que o uso da relativa copiadora é favorecido pelas seguintes condições: (i) quando o antecedente da relativa é /+ Humano, + Singular, + Indefinido/; (ii) quando o SN relativizado ocupa funções sintáticas na seguinte hierarquia: Genitivo > Objeto Indireto > Oblíquo > Sujeito > Objeto Direto; (iii) em relativas afastadas do SN por um segmento encaixado; (iv) quando o falante procede de classes não escolarizadas. (v) quando fala informalmente. Quanto à relativa cortadora, ela corresponde às altas taxas de apagamento do pronome em posição oblíqua, fato que examinamos no item 3.3 deste capítulo.

4.3.3 - Subordinadas adverbiais

A tradição gramatical pós-NGB classifica as subordinadas adverbiais em Causais, Condicionais, Temporais, Finais, Concessivas, Comparativas, Consecutivas, Conformativas e Proporcionais: Cunha-Cintra (1985: 589-593). A relação das Adverbiais é, na verdade, interminável, se formos identificá-las com os advérbios.

Neste item, examinarei rapidamente o comportamento da concessiva *embora*, dadas suas relações com *mas*.

Ao descrever as coordenadas adversativas, notamos que elas são parafraseáveis por concessivas, alterando-se apenas o eixo argumentativo. As Concessivas estabelecem um contraste, assumindo a estrutura *"Embora p, q"*. Também figuram como conjunções *se bem que, mesmo que, apesar que.*

As intuições sobre as Concessivas, colhidas em gramáticos e em linguistas, mostram que uma das sentenças envolvidas encerra um conteúdo negado explícita ou implicitamente. Com esse perfil, as concessivas se prestam ao jogo argumentativo, surpreendido em muitos estudos. Assim, Bechara (1954: 9-10) afirma que *"duas etapas existem no pensamento concessivo que o aproximam do pensamento condicional: elaboração de hipótese de objeção por parte do ouvinte, e refutação dessa objeção"*. Essa construção *"deve ter nascido no momento em que as declarações do falante sentiram o peso da argumentação contrária do interlocutor"*. E mais além: *"a prática cotidiana habilitou o homem a pressupor; no correr de suas asserções, a objeção iminente"*. Esta observação de Bechara é muito importante, pois mostra que certos tipos de subordinadas adverbiais emergem de necessidades discursivas. Já há quem denomine "Sintaxe Interacional" aproximações como a que Bechara fez. Prá quem sobrou? Prá Você e seus alunos! Correlacionem as adverbiais com necessidades interacionais. Depois, espiem suas propriedades formais: movimentação da conjunção, modo do verbo. É isso aí: da conversação para a gramática, sempre.

A conjunção concessiva *embora* deriva do Sintagma Preposicionado *em boa hora*, usado até o séc. XV após o verbo *ir* no subjuntivo volicional, para expressar um bom augúrio:

(139) Vá em boa hora!
(140) Vamos em boa hora nosso caminho (Zurara)

Seu antônimo *em má hora,* e a variante *ieramá* expressava os maus augúrios.

Em (139) e em (140), o subjuntivo volicional figura sem as expressões oxalá *que, tomara que,* que especificam esse modo.

Um primeiro passo para a gramaticalização de *em boa hora* foi dado quando ele perde a noção de volição, a expressão sofre redução fonológica dando origem a um Adv. Predicativo Qualitativo que, entretanto, continua a figurar posposto ao V. que continua sendo de movimento:

(141) Fomos embora
(142) ... a firma fala "tchau... vai embora!" (D2 SP 343: 1444).
(143) com todos as problemas por aí a gente vai embora (DID RJ 135)
(144) empilhava as carcaças e ia embora (ibidem).

Outros verbos passam a figurar com esse Adv., preservada a noção de movimento:

(145) tem todo direito... ninguém vai poder mandar ele embora (EF RJ 364)

Um segundo passo é dado quando são esquecidas as restrições de seleção, e *embora* passa a construir-se com verbos quaisquer, migrando para a cabeça da sentença, figurando antes de *que* volitivo, que rege o subjuntivo:

(146) Embora que não tenha razão, ainda assim insiste

Nos termos da Sintaxe Gerativa, em (146) *embora* subiu para a posição de COMP, encontrando-se aí com *que* (Jairo Nunes, com. pessoal, de quem é o exemplo).

Num terceiro passo, *embora* desaloja *que,* assumindo por metonímia seu valor semântico. Já agora gramaticalizado como Conj. Concessiva, passa a reger o subjuntivo. A sintaxe de (144) a (145) continua vivaz, enquanto que a de (146) passaria a ser residual.

De um ponto de vista quantitativo, a construção concessiva *embora + Subjuntivo* é de longe a mais frequente.

O emprego concessivo de *embora* se alarga, e a nova conjunção *passa a reger formas nominais do verbo, como em (147) e (148), e a ligar constituintes sentenciais, como em (149) e (150):*

(147) embora não tendo tido interesse momentâneo (D2 SP 255. 1109)
(148) nós não podemos nos esquecer de que embora rotulando-as por uma questão de análise nós vamos verificar que... (EF RJ 364)
(149) viajei de ônibus... de avião... de trem... de navio... embora tudo dentro do Brasil (DID RJ 112)
(150) tive oportunidade de fazer pesquisas sobre a maneira de falar do cearense... do baiano... ahn embora nordestinos (D2 SP 255: 625).

4.4 - A correlação

Sejam as seguintes sentenças:

(151) O aluno <u>não só</u> estuda <u>como também</u> trabalha.
(152) <u>Não só</u> o aluno <u>como também</u> a aluna trabalham.
(153) O aluno <u>não só</u> inteligente <u>como também</u> esforçado só tem a ganhar:
(154) Você <u>ou</u> estuda <u>ou</u> trabalha, as duas coisas ao mesmo tempo serão muito difíceis.
(155) <u>Seja</u> o aluno, <u>seja</u> a aluna, ambos dão duro na Universidade.
(156) O aluno, <u>seja</u> do Colégio, <u>seja</u> da Universidade, tem de dar duro para passar de ano.
(157) Dona ministra e sua coleção de escudeiras capricharam <u>tanto</u> para a coletiva <u>que</u> a mistura de perfumes deixou a galera mareada. (FSP 15/05/93).
(158) Apareceu com um perfume <u>tão</u> adocicado <u>quanto</u> enjoativo.
(159) Hoje eu tenho mais medo de economista do que de general (FSP 30/05/93).

Observando as sentenças acima, nota-se que em (151), (154) e (159), a primeira sentença contém um elemento gramatical, grifado nos exemplos, a que corresponde obrigatoriamente outro elemento gramatical na segunda, igualmente grifado, sem o quê o arranjo sintático seria inaceitável:

(151a) * O aluno não só estuda trabalha.
(151b)? O aluno estuda como também trabalha.
(154a) * Você estuda trabalha...
(157a) * Ministra e escudeiras capricharam que a mistura de perfumes deixou a galera mareada.
(157b) * Ministra e escudeiras capricharam tanto a mistura de perfumes deixou a galera mareada.
(159a) * Hoje eu tenho mais medo de economista de general.
(159b) * Hoje eu tenho medo de economista do que de general.

Esses testes demonstram que certas conjunções que encabeçam uma sentença estão correlacionadas com expressões adverbiais de Focalização, como em (151), a que corresponde uma expressão de inclusão na segunda sentença, ou um Adv de Intensificação na primeira sentença, como em (157), a que corresponde uma conjunção consecutiva na segunda sentença. Em outras sentenças, expressões de alternância criam uma espécie de contraposição entre o conteúdo proposicional da primeira e o da segunda. Finalmente, em (158) e (159) são feitas comparações entre constituintes da mesma sentença, como entre os SAdjs. de (158), ou entre sentenças, como em (159); neste caso, o Verbo da segunda é omitido, por se tratar do mesmo Verbo da primeira.

Esse tipo de arranjo sintático recebeu o nome de correlação. Aparentemente, Oiticica (1952) foi o primeiro entre nós a destacar que as relações de independência e de dependência não captam todas as possibilidades de ligação intra ou intersentencial. Em seu estudo, ele propôs que as sentenças correlatas compreendiam quatro possibilidades: correlação aditiva, como em (151) a (153), alternativa, de (154) a (156), consecutiva em (157) e comparativa, em (158) e (159). Assim, não seria adequado diluir entre as coordenadas os dois primeiros tipos, e entre as subordinadas os dois últimos tipos.

Câmara Jr. (1975: 62-69) não concorda com esse ponto de vista. Fiel ao princípio estruturalista de que arranjos binários captam melhor as estruturas linguísticas, ele afirmou que "isto posto, se agora nos voltarmos para os conceitos de justaposição e correlação, verificamos facilmente que não passam de modalidades de coordenação e de subordinação. Em princípio, só há duas ligações oracionais: coordenação ou parataxe, subordinação ou hipotaxe".

Um raciocínio menos rígido admitirá a existência de categorias intermediárias, que se dispõem no intervalo das categorias prototípicas. Por outro lado, os processos correlativos acima são recorrentes, vale dizer, gramaticalizados. Basta verificar que eles podem ocorrer também entre sintagmas [(152), (155), (158)], e até mesmo no interior dos sintagmas [(153), (156), (159)].

Por outro lado, as correlativas podem ser vistas emblematicamente como uma sorte de sintaxe dialógica, em que ambas as sentenças atuam como turnos emparelhados. Será que seus alunos se valem deste processo de relacionamento intersentencial? Os tipos apresentados captam as estruturas que eles estão usando?

CONCLUSÕES

Neste trabalho, proponho que se restituam as reflexões gramaticais ao seu quadro original, isto é, que elas se desenvolvam juntamente com o estudo da interação conversacional e do texto que daí resulta. E como a língua falada é uma modalidade privilegiada para a inspeção dos processos e dos produtos da língua, elegi esta modalidade para a aplicação desta proposta.

Em sua essência, ela mostra que um recorte de língua qualquer não se limita a oferecer materiais à reflexão centrada apenas nas classes de palavras, nos sintagmas, nas sentenças. Como demonstraram Jubran-Urbano et alii (1992: 396), *"a descrição gramatical dos fenômenos de um texto oral é apenas uma das descrições possíveis, e não a única ou a mais relevante".* Isto implica em enquadrar a gramática numa análise mais ampla.

A tão esperada renovação e atualização do ensino da Língua Portuguesa nos três níveis escolares passa por uma profunda revisão das práticas que temos observado, e pelo aproveitamento nas práticas pedagógicas das pesquisas que as universidades brasileiras vêm desenvolvendo desde os anos 70.

Neste livro, procurei retratar o estado atual de nossos conhecimentos, oferecendo ao professor de primeiro e segundo graus e aos alunos universitários alternativas para aqueles que se mostrem inconformados com a prática escolar vigente. Estou convicto de que a proposta (i) valoriza o educando, tomando sua própria linguagem como ponto de partida para as reflexões, (ii) muda a relação professor-aluno, transformando as aulas em momentos de descoberta científica, através dos projetinhos (iii) coloca o texto como um ponto de partida, de que a sentença será o ponto de chegada, e (iv) divulga achados sobre a Língua Portuguesa constantes de pesquisas recentes, e, mais que tudo, (v) liquida de vez a mania redutora e excludente de reduzir as aulas de Português a uma questão de certo / errado.

Mostrei, também, que o professor de Português precisa de uma preparação profissional mais rigorosa para liderar essa renovação em sua escola, com seus alunos, com seus Colegas. Uma boa renovação depende de gosto por incursionar pelas teorias da língua, sobretudo aquelas que vêm nela um conjunto de processos. E gosto também por coletar e interpretar dados, redigindo textos sobre os achados.

Voltando atrás nestas páginas, parece que se pode afirmar que os processos linguísticos estão conectados a Princípios gerais, cujas pistas são identificáveis na conversação, no texto e na sentença. O seguinte quadro-resumo reúne e articula num plano integrado os processos e os produtos com os quais andamos lidando.

PLANO INTEGRADO PARA 0 ESTUDO DA LINGUA FALADA

PROCESSOS	*PRODUTOS*		
	Conversação	*Texto*	*Sentença*
Princípio de Projeção: ativação	Turnos e marcadores conversacionais	Unidades discursivas e seus nexos	Itens lexicais, sintagmas, estrutura argumental, conjunções
Princípio de Correção: reativação	Auto e heterocorreção	Repetição e paráfrase	Repetição e construção dos constituintes, atribuição de funções sentenciais
Princípio da Categoria Vazia: desativação	Despreferência conversacional	Digressões e parênteses	Anacolutos, elipses, rupturas na ordem de adjacência

E agora, caro Colega, professor-aluno de Português, umas palavrinhas finais. Na conversação, o tempo todo um ser humano busca interagir com o outro, chamando-o para a arena verbal, informando-o sobre conteúdos, expondo seus sentimentos e suas emoções, buscando compartilhar sua experiência de vida, para compará-la com a do outro, avançando nesse interesse, tornando atrás, abandonando estratégias, desenvolvendo na plenitude sua humanidade, graças ao dom da língua.

Enquanto fala, ele faz revelações sobre como está processando seu texto, cujas palavras as vezes esclarece, e cujas estratégias com frequência negocia, numa busca incessante de comunhão.

E o que é uma aula, senão uma busca? Uma busca do conhecimento, em que o professor é um aprendiz mais experimentado. Por que, então, uma busca tão densa de intercâmbio, não pode ser uma atividade prazerosa, que nos encha de inspiração a todos nós, alunos e professores?

Espero que este livrinho abra para uns e outros momentos de excitação intelectual e afetiva. A LF aí está, plena de lições de uma e outra ordem, para ser examinada pelos espíritos efetivamente movidos pela curiosidade. Procurei mostrar nele que a mente humana cria por meio de escassos três processos uma riqueza espantosa de expressões linguísticas, tão distintas em sua aparência, tão regulares em seus fundamentos. E se minha escritura foi suficientemente clara, os Colegas poderão encontrar aqui seu "caminho para a liberdade". Liberte-se, e liberte seus alunos!

BIBLIOGRAFIA

ABAURRE, M. B. M. Org., em preparação. *Gramática do Português Falado*, vol. VIII.

APOLÔNIO DISCOLO, séc. I d.c. *Sintaxis*, trad. esp. e notas por J. Bécares Botas. Madrid, Gredos, 1987.

ALARCOS LLORACH, E. 1970. Verbo transitivo, verbo intransitivo y estructura del predicado. Em *Estudios de Gramática Funcional del Español*. Madrid, Gredos, 1970, pp. 109-123.

ANDRADE, M. L. da C. V. de O. 1995. *Digressão: uma estratégia na condução do jogo textual-interativo*. São Paulo, Universidade de São Paulo, Tese de Doutoramento.

BACELAR DO NASCIMENTO, M. F. 1987. *Contribuição para um Dicionário de Verbos do Português*. Lisboa: Centro de Linguística da Universidade de Lisboa.

BARROS, D. L. P. de - MELO, Z. M. Z. C. 1990. Procedimentos e Funções da Correção na Conversação, em D. Preti e H. Urbano (Orgs. 1990), pp. 13-58.

BARROS, D. L. P. de. 1993. Procedimentos de reformulação: a corre0o. Em D. Preti et alii (Orgs. 1993), pp. 129-156.

BECHARA, E. 1954. *Lições de Português pela Análise Sintática*. Rio de Janeiro, Acadêmica.

BEAUGRANDE, R.-A. 1980. *Text, Discourse and Process*. London, Longman.

BEAUGRANDE, R.-A. and DRESSLER, W. U. 1981. *Introduction to Text Linguistics*. London, Longman.

BERLINCK, R. S 1989. A construção V SN1 no Português do Brasil: uma visão diacrônica do fenômeno da ordem. Em F. Tarallo (Org. 1989), pp. 95-112.

BESSA NETO, R. S. 1991. *A Repetição Lexical em Textos Narrativos Orais e Escritos*. Belo Horizonte, Universidade Federal de Minas Gerais, Diss. de Mestrado.

BERRUTO, 1985. Per una caratterizzazione del parlato: l'italiano parlato ha un'altra grammatica? In G. Holtus - E. Radtke (Hrsg. 1985), *Gesprochenes Italienisch in Geschichte und Gegenwart*. Tübingen, Gunter Narr Verlag, pp. 120-153.

149

BEZERRA, A. M. C. 1978. *A Forma Verbal em -ria no Português Culto de São Paulo.* Moji das Cruzes: UMC, Diss. de Mestrado, publicada em *Cadernos de Estudos Linguísticos* 24: 1993, 179-230.

BLANCHE-BENVENISTE, C. et alii 1979. Des grilies pour le français parlé. *Recherches sur le français parlé* 2:163-205.

_____ et alii 1984. *Pronom et syntaxe.* Paris, SELAF.

_____ 1985. La dénomination dans le français parlé: une interprétation pour les répétitions et les hésitations, *Recherches sur le français parlé* 6: 109-130.

_____ 1986. L'oralité. *Boletim de Filologia* 31: 87-95.

_____ 1987. Place des analyses grammaticales dans le français parlé, mimeo.

_____ 1990. *Rápétitions lexicales. Em Le Français parlé: étúdes grammaticales.* Paris, CNRS, pp. 176-180.

BONFIM, E. 1988. *Advérbios.* São Paulo, Ática.

BORTONI-RICARDO, S. T. 1985. *The Urbanization of Rural Dialect Speakers.* Cambridge, CUP.

BRAGA, M. L. 1986. Construções de tópico do discurso, em Naro (Org. 1986), pp. 393-446.

_____ 1990. A repetição na língua falada, com. ao Seminário sobre Repetição. Belo Horizonte, ms. inédito.

BRAIT, E. 1997. Imagens da norma culta, interação e constituição do texto oral. Em D. Preti et alii (Orgs. 1997), pp. 45-62.

BRÄKLING, K. L. - SOLIGO, R. A. - WEISZ, T. 1997. *Parâmetro Curricular – Língua Portuguesa.* Brasília, MEC, mimeo.

CALLOU, D. Org. 1992. *A Linguagem Falada Culta na Cidade do Rio de Janeiro.* Rio de Janeiro, UFRJ/FJB, vol. I, Elocuções Formais.

_____ e LOPES, C. R. Orgs. 1993 e 1994. *A Linguagem Falada Culta na Cidade do Rio de Janeiro.* Rio de Janeiro, UFRJ/CAPES, vol. II, Diálogo entre Informante e Documentador (1993), vol. III, Diálogo entre dois Informantes (1994).

CAMACHO, R. G. 1996. A repetição nas estruturas coordenadas aditivas. Comunicação ao GT de Linguística Portuguesa do XI Congresso Internacional da ALFAL, inédito.

CÂMARA JR., J. M. 1964. *Princípios de Linguística Geral,* 4a. ed. Rio de Janeiro, Acadêmica.

_____ 1975. *História e Estrutura da Língua Portuguesa.* Rio de Janeiro, Acadêmica.

CASTELEIRO, J. M. 1975. Aspectos da sintaxe do Português falado no interior do país. *Boletim de Filologia* 14 (14): 57-74.

CASTILHO, A. T. 1983. Variedades conversacionais. *Boletim da ABRALIN* 5: 40-53.

_____ et alii 1986a. *A Ordem do Sujeito Nominal no Português Falado em São Paulo.* Campinas, ms. inédito.

_____ 1986b. *Uma Proposta para o Ensino de Gramática no 1o. e 2o. Graus.* Campinas, Secretaria de Estado da Educação / UNICAMP, mimeo.

_____ 1987. A elipse no Português Culto Falado em São Paulo. *Estudos Linguísticos* [Anais do GEL] 14: 32-40.

_____ Org. 1989a. *Português Culto Falado no Brasil.* Campinas, Editora da UNICAMP.

_____ 1989b. Para o estudo das unidades discursivas no português falado, em Castilho (Org. 1989), pp. 249-280.

_____ 1989c. Da Análise da conversação para a análise gramatical, *Estudos Linguísticos* [Anais do GEL] 17: 219-226.

_____ 1990a. Português falado e ensino da gramática, *Letras de Hoje* 25/1, 103-136. 1990b. O Português culto falado no Brasil: história do Projeto NURC/ Brasil, em D. Preti e H. Urbano (Orgs. 1990), pp. 141-202.

_____ Org. 1990. *Gramática do Português Falado.* Campinas, Editora da UNI-CAMP/FAPESP, vol. 1, A Ordem.

_____ Org. 1993. *Gramática do Português Falado.* Campinas, Editora da UNI-CAMP/FAPESP, vol. III, As Abordagens.

_____ 1993. *A Predicação Adverbial no Português Falado.* USP, Tese de Livre-Docência, mimeo.

_____ 1994a. A repetição na língua falada, *Linguística* 5:

_____ 1994b. Teorias linguísticas e ensino da gramática. Em *Diário de Classe 3, Língua Portuguesa.* São Paulo, Fundação para o Desenvolvimento da Educação, pp. 17-28.

_____ 1997a. A Gramaticalização, *Estudos Linguísticos e Literários* 19: 25-64.

_____ 1997b. Língua falada e gramaticalização, *Filologia e Linguística Portuguesa* 1: 107-120.

_____ 1997c. Para uma sintaxe da repetição, *Língua e Literatura* 22: 293-332.

CASTILHO, A. T. e PRETI, D. Orgs. 1987, 1988. *A Linguagem Falada Culta na Cidade de São Paulo.* São Paulo, T. A. Queiroz/FAPESP, vol. 1 (Elocuções Formais), vol. 11 (Diálogos entre dois Informantes).

CASTILHO, A. T e MORAES DE CASTILHO, C. M. 1992. Advérbios modalizadores. Em R. Ilari (Org. 1992), pp. 213-260.

CASTILHO, A. T. e BASÍLIO, M. (Orgs. 1996) *Gramática do Português Falado.* Campinas, Editora da UNICAMP/FAPESP, vol. IV.

CASTRO, V. S. 1994. Um caso de repetição no Português, *Cadernos de Estudos Linguísticos* 27: 85-101.

COULMAS, F. Ed. 1981. *Conversational Routines.* The Hague, Mouton.

COULTHARD, M. 1987. *An Introduction to Discourse Linguistics.* London, Longman.

CUNHA, C. e CINTRA, L. F. 1985. *Nova Gramática do Português Contemporâneo*. Rio de Janeiro, Nova Fronteira.

CYRINO, S. M. L. 1990. *O Objeto Nulo no Português do Brasil: uma mudança paramétrica?* Campinas, Universidade Estadual de Campinas, Tese de doutoramento, mimeo.

DANES, F. 1966. On defining the theme in functional sentence analysis, em *Travaux de Linguistique de Prague* 1: 225-240.

DASCAL, M. Org. 1982. *Fundamentos Metodológicos da Linguística*. Campinas, vol. IV, edição do organizador.

_____ 1984. Towards Psycho-Pragmatics, *Investigaciones Semióticas* 4: 145-159.

_____ 1987. Language and reasoning: sorting out sociopragmatic and psychopragmatic factors. Em J. C. Boudreaux, B. W. Hamil and R. Jernigan Eds. *The Role of Language in Problem Solving* 2. Amsterdam, Elsevier, pp. 183-196.

_____ e Katriel, T. 1982. Digressions: a study in conversational coherence, em J. S. Petöfi Ed. *Text vs Sentence*. Hamburg, Busque, vol. 29, pp. 76-95.

DIK, S. C. 1989. *The Theory of Functional Grammar: Part I: The structure of the clause*. Dordrecht, Foris Publications.

DILLINGER, M., GALVES, C. C. et alii 1996. Padrões de complementação no português falado. Em M. Kato (Org. 1996), pp. 275-326.

DUARTE, M. E. C. 1989. Clíticos acusativos, pronome lexical e categoria vazia no Português do Brasil, em F. Tarallo (Org. 1989), pp. 19-34.

_____ 1993. Do Pronome Nulo ao Pronome Pleno: a trajetória do sujeito no Português do Brasil. Em I. Roberts e M.Kato (Orgs. 1993), pp. 107-128.

DUBOIS, J. 1980. Beyond definitiness: the trace of identity in discourse, W. Chafe Ed. *The Pear Stories*. Norwood, Ablex, pp. 203-274.

DUCROT, O. e VOGT, C. A. 1978. De magis a mais: une hypothèse sémantique, *Revue de linguistique romane* 43: 317-341.

DUTRA, R. 1990. A repetição oracional como elemento de coesão nas narrativas orais. Com. ao Seminário sobre Repetição. Belo Horizonte, ms. inédito.

FARIA, M. A. de O. 1989. *O Jornal em Sala de Aula*. São Paulo, Contexto.

FÁVERO, L. L. e KOCH, I. G. V. 1983. *Linguística Textual*. São Paulo, Cortez Editora.

_____ e URBANO, H. 1989. Perguntas e Respostas na conversação à luz dos materiais NURC/SP, *Estudos Linguísticos* [Anais do GEL] 20: 1991, 438-445.

_____, ANDRADE, M. L. V. O e ARAÚJO, Z. G. O. de 1996. Perguntas e Respostas como mecanismos de coesão e coerência, em A. T. Castilho e M. Basílio (Orgs. 1996), pp. 473-506.

FRANCARD, M. 1990. Le français parlé des corpus oraux, com. ao Colóquio Données Orates et Théorie linguistique. Gand, maio de 1990, mimeo.

FRANCHI, C. 1976. *Hipóteses para uma Teoria Funcional da Linguagem*. Campinas, UNICAMP, Tese de Doutoramento, 2 vols., mimeo.

_____ 1991. Concepção de E-Gramática. Conferência pronunciada no Dep. de Linguística da UNICAMP, inédito.

FUCHS, C. 1982. *La Paraphrase*. Paris, PUF.

GALEMBECK, P. T. - SILVA, L. A. - ROSA, M. 1990. O turno conversacional, em D. Preti e H. Urbano (Orgs. 1990), pp. 58-98.

GALVES, C. 1984. Pronomes e categorias vazias no Português do Brasil. *Cadernos de Estudos Linguísticos 7:* 107-136.

_____ 1988. Objeto nulo e predicação: hipóteses para uma caracterização da sintaxe do Português do Brasil, *DELTA* 4 (2): 23-49.

GOODWIN, C. 1981. *Conversational Organization*. New York, Academic Press.

GRICE, H.P. 1967. Lógica e Conversação, em M. Dascal (Org. 1982), pp. 81-104.

HADLICH, R. L. 1971. *Gramática Trasformativa del Español*. Madrid, Gredos, trad. esp., 1973.

HILGERT, J. G. 1989. *A Paráfrase*. Universidade de São Paulo, Tese de Doutoramento, inédita.

_____ (Org. 1997). *A Linguagem Falada Culta na Cidade de Porto Alegre*. Porto Alegre, Editora da Universidade, vol. 1, Diálogo entre Informante e Documentador.

ILARI, R. 1985. *A Linguística e o Ensino da Língua Portuguesa*, São Paulo, Martins Fontes.

_____ 1986b. Delocutivos nós também temos, falô? *Cadernos de Estudos Linguísticos* 10: 81-86.

_____ 1986c. *Perspectiva Funcional da Frase Portuguesa*. Campinas, Editora da UNICAMP; 2a.ed., 1992.

_____ et alii 1990. Considerações sobre a posição dos advérbios. Em A. T. de Castilho (Org. 1990), pp. 63-142.

_____ Org. 1992. *Gramática do Português Falado*, vol. II. Campinas, Editora da UNICAMP.

_____ e GERALDI, J. W. 1985. *Semântica*. São Paulo, Ática.

JESPERSEN, O. 1924. *The Philosophy of Grammar*. London, Allen & Unwin.

JUBRAN, C. C. A. S. et alii 1992. Organização tópica da conversação. Em R. Ilari (Org. 1992), pp. 357-440.

_____ 1993. Inserção: um fenômeno de descontinuidade na organização tópica. Em A. T. Castilho (Org. 1993), pp. 61-74.

_____ 1994. Para uma Descrição Textual-Interativa das Funções de Parentetização, *Alfa* 37: 1-16.

_____ et alii 1994. Proposta Teórica do GT de Organização Textual-Interativa do Projeto de Gramática do Português Falado, inédito.

_____ 1995. Tipologia de Parênteses, em M. H. M. Neves e A. C. S. Rodrigues, (Orgs., em preparação).

_____ 1996a. Parênteses: propriedades identificadoras, em A. T. Castilho-M. Basílio (Orgs. 1996), pp. 411-422.

_____ 1996b. Para uma descrição textual-interativa das funções da parentetização. Em M. Kato (Org. 1996), pp. 339-354.

KATO, M. 1981. Uma taxonomia de similaridades e contrastes entre línguas, ms. inédito.

_____ 1987. A teoria da adjacência do caso e a posição entre o sujeito e o elemento portador de flexão em português. *Estudos Linguísticos* [Anais do GEL] 15: 213-221.

_____ e CASTILHO, A. T. 1991. Advérbios modalizadores: um novo núcleo predicador? *DELTA* 7 (1): 409-424.

_____ 1993. A gramática da sentença não canônica. Relatório ao CNPq, inédito.

_____ et alii 1993. Preenchedores sintáticos nas fronteiras de constituintes. Em A. T. de Castilho (Org. 1993), pp. 235-272.

_____ Org. 1996. *Gramática do Português Falado.* Campinas, Editora da UNICAMP/FAPESP, vol. V.

_____ e NASCIMENTO, M. 1996a. Adjuntos sintáticos e preenchedores discursivos uma avaliação comparativa. Em M. Kato (Org. 1996), pp. 187-200.

_____ NASCIMENTO, M. et alii 1996b. Padrões de predicação no português falado no Brasil. Em M. Kato (Org. 1996), pp. 201-274.

KELLER, E. 1979. Gambits. Conversational strategy signals, *Journal of Pragmatics* 5: 219-238.

KOCH, I. G. V. 1989. A *Coesão Textual.* São Paulo, Contexto.

_____ e TRAVAGLIA, L. C. 1989. *Texto e Coerência.* São Paulo, Cortez Editora.

_____ e TRAVAGLIA, L. C. 1990. *A Coerência Textual.* São Paulo, Contexto.

_____ 1990. Reflexões sobre a repetição, com. ao Seminário sobre Repetição. Belo Horizonte, ms. inédito.

_____ et alii 1990. Aspectos do fluxo da informação no discurso oral dialogado. Em A. T. de Castilho (Org. 1990), pp. 143-184.

_____ Org. 1996. *Gramática do Português Falado.* Campinas, Editora da UNICAMP/FAPESP, vol. VI: Desenvolvimentos.

_____ 1997. *O Texto e a Construção dos Sentidos.* São Paulo, Contexto

_____ 1997. A repetição como estratégia de construção do texto falado, in Koch (1997): 93-109.

LAVANDERA, B. 1984. *Variación y Significado.* Buenos Aires, Hachette.

LEITE, Y. F. et alii 1996. Tópicos e adjuntos. Em A. T. de Castilho e M. Basílio (Orgs. 1996), pp. 321-340.

LEMLE, M. 1978. Heterogeneidade Dialetal: um apelo a pesquisa, *Tempo Brasileiro* 53/54: 60-94.

_____ 1984. *Análise Sintática*. São Paulo, Ática.

_____ e *NARO, A. J. 1977*. Competências Básicas do Português. *Rio de Janeiro, MOBRAL*.

LEVINSON, S. 1983. *Pragmatics*. Cambridge, CUP.

LOVE, J. 1982. *A Locomotiva. São Paulo na Federação Brasileira*. Rio de Janeiro, Paz e Terra.

LUFT C. P. 1985. *Língua e Liberdade: por uma nova concepção da língua materna e seu ensino*. Porto Alegre, L&PM.

LYONS, J. 1977. *Semantics*. London, Longmans, 2 vols.

MACEDO, A. - SILVA, G. M. O. 1987.

MARCUSCHI, L. A. 1983. *Linguística do Texto: o que é e como se faz*. Recife, Universidade Federal de Pernambuco, mimeo.

_____ 1986. *Análise da Conversação*. São Paulo, Ática.

_____ 1988. *Análise da conversação e análise gramatical*. Boletim da ABRALIN 10: 1991, 11-34.

_____ 1989. *Marcadores conversacionais no Português brasileiro: formas, posições e funções*, em A. T. de Castilho (Org. 1989), pp. 281-321.

_____ 1992. *A Repetição na Língua Falada*. Recife, Universidade Federal de Pernambuco, Tese para Concurso de Professor Titular.

MARTINS, A. S. N. 1983. *Reflexos da Atividade de Planejamento na Conversação Espontânea*. São Paulo, PUC-SP, Diss. de Mestrado, mimeo.

MATTOS E SILVA, R. V. 1989a. *Estruturas Trecentistas*. Lisboa, Casa da Moeda.

_____ 1989b. *Tradição Gramatical e Gramática Tradicional*. São Paulo, Contexto.

_____ 1995. *Contradições no Ensino de Português*. São Paulo/Salvador, Contexto/UFBa.

MIRA MATEUS, M. H. et alii 1989. *Gramática da Língua Portuguesa*. Lisboa, 2a. ed., Caminho.

MORAES DE CASTILHO, C. M. 1991. *Os Delimitadores no Português Falado do Brasil*. Diss. de Mestrado, UNICAMP, mimeo.

MORAES, L. C. D. de 1987. *Nexos de Coordenação na Fala Urbana Culta de São Paulo*. São Paulo, Universidade de São Paulo, Tese de Doutoramento, mimeo.

MORRIS, C. W. 1938. *Foundations of the Theory of Signs*. Chicago, The University of Chicago Press.

MOTA, J. - ROLLEMBERG, V. Orgs. 1994. *A Linguagem Falada Culta na Cidade de Salvador*. Salvador, Instituto de Letras da UFBa., vol. I, Diálogos entre Informante e Documentador.

NASCIMENTO, M. 1993. Gramática do Português Falado: articulação teórica. Comunicação apresentada ao Seminário sobre Gramática da Língua Falada, Centro de Linguística da Universidade de Lisboa, ms. inédito.

NARO, A. J. Org. 1986. *Projeto Subsídios Sociolinguísticos do Censo à Educação*. Relatório final à FINEP. Rio de Janeiro, UFRJ, 3 vols. mimeo, publicado por G.M. Oliveira e Silva-M. M. P. Scherre (Orgs.1996).

_____ e SCHERRE, M. 1993. A repetição, ms. inédito.

NEVES, M. H. M. 1990. *Gramática na Escola*. São Paulo, Contexto.

_____ 1995. As orações concessivas. Texto apresentado ao GT de Sintaxe 1 do PGPF, inédito

_____ 1996. Estudo da estrutura argumental dos nomes. Em M. Kato (Org. 1996), pp. 119-154.

_____ e RODRIGUES, A. C. S. Orgs. em preparação. *Gramática do Português Falado*, vol. VII.

_____ e BRAGA, M. L. 1996. Padrões de repetição na articulação de orações, comunicação ao GT de Linguística Portuguesa do XI Congresso Internacional da ALFAL, Las Palmas de Gran Canarias.

OITICICA, J. 1952. *Teoria da Correlação*. Rio de Janeiro, Simões.

OLIVEIRA E SILVA, G. M. de - SCHERRE, M. M. P. (Orgs. 1996). *Padrões Sociolinguísticos*. Rio de Janeiro, Tempo Brasileiro/UFRJ.

OMENA, N. 1978. *Pronome Pessoal de Terceira pessoa: formas variantes na função acusativa*. Rio de Janeiro, PUCRJ, Diss. de Mestrado, inédita.

OZAKABE, H. 1979. *Argumentação e Discurso Político*. São Paulo, Kairós.

PÉCORA, A. 1980. *Problemas de Redação na Universidade*. Campinas, Editora da UNICAMP.

PEZATTI, E. G. 1996. A repetição por meio do juntivo ou. Comunicação apresentada ao GT de Linguística Portuguesa do XI Congresso Internacional da ALFAL, inédito.

PERINI, M. 1980. O papel da repetição no reconhecimento de sentenças, *Ensaios de Linguística* 3: 111-123.

_____ 1985. *Para uma Nova Gramática do Português*. São Paulo, Ática.

_____ 1989. *Sintaxe Portuguesa*. São Paulo, Ática.

_____ 1995. *Gramática Descritiva do Português*. São Paulo, Ática.

PONTES, E. 1987. *O Tópico no Português do Brasil*. Campinas, Pontes.

PRETI, D. 1988. A Língua oral: a sobreposição de vozes como um elemento da sintaxe de interação o ato conversacional, *Estudos Linguísticos* [Anais do GEL] 16: 229-236.

_____ et alii Orgs. 1993. *Análise de Textos Orais*. São Paulo, Faculdade de Filosofia, Letras e Ciências Humanas da USP; 2a. ed., 1995.

_____ et alii Orgs. 1997. *O Discurso Oral Culto.* São Paulo, Humanitas, Publicações da FFLCH/USP.

PRETI, D. e URBANO, H. Orgs. 1989, 1990. *A Linguagem Falada Culta na Cidade de São Paulo*, vol. III, (Diálogo entre o Informante e o Documentador), vol. IV (Estudos). São Paulo, T. A. Queiroz/FAPESP.

_____ e URBANO, H. 1990. Sobreposição de vozes numa perspectiva psicocultural e interacional, em D. Preti e H. Urbano (Orgs. 1990), pp. 99-140.

RAMOS, J. 1984. *Hipóteses para uma Taxonomia das Repetições do Estilo Falado.* Belo Horizonte, UFMG, Diss. de Mestrado.

_____ 1997. *O Espaço da Oralidade na Sala de Aula.* São Paulo, Martins Fontes.

RISSO, M. S. 1993. Agora... o que eu acho é o seguinte: um aspecto da articulação do discurso no português culto falado, em A. T. de Castilho (Org. 1993), pp. 31-60).

_____ 1996. O articulador discursivo "então", em A. T. de Castilho e M. Basílio (Orgs. 1996), pp. 423-452.

_____ , SILVA, G. M. de O., URBANO, H. 1996. Marcadores discursivos: traços definidores, em I. G. V. Koch (Org. 1996), pp. 21- 94,

ROBERTS, I. e KATO, M. Orgs. 1993. *O Português Brasileiro.* Campinas, Editora da UNICAMP.

ROCHA, M. F 1996. Adjuntos sem cabeça no Português do Brasil. Em A. T. de Castilho e M. Basílio (Orgs. 1996), pp. 341-378.

RODRIGUES, A. C. S. 1987. *A Concordância Verbal no Português Popular em São Paulo.* São Paulo, USP, Tese de Doutoramento.

RONA, J. P. 1972. La estructura lógico-gramatical de la oración. *Filología* 16: 175-200.

ROSA, M. 1990. *Marcadores de Atenuação.* São Paulo, Contexto.

SÁ, M. da P. M. de - CUNHA, D. de A. C. da - LIMA, A. M. - OLIVEIRA JR., M. (Orgs. 1996). *A Linguagem Falada Culta na Cidade do Recife.* Recife, Universidade Federal de Pernambuco, Programa de Pós-Graduação em Letras e Linguística, vol. 1, Diálogos entre informante e documentador.

SACKS, H. - SCHEGLOFF, E. - JEFFERSON, G. 1974. A simplest systematics for the organization of turn-taking for conversation, *Language* 50: 696-735.

SAUSSURE, E 1917. *Curso de Linguística Geral.* trad. para o port. São Paulo, Cultrix, 1972.

SCHENKEIN, J. Ed. 1978. *Studies in the Organization of Conversational Interaction.* New York, Academic Press.

SCHERRE, M. M. P. 1988. *Reanálise da Concordância Nominal em Português.* Rio de Janeiro, UFRJ, Tese de Doutoramento, 2 vols.

SCORRETTI, M. 1988. Le strutture coordinate. Em L. Renzi (a c.di, 1988) *Grande grammatica italiana di consultazione*. Bologna, Il Mulino, vol. I, pp. 227-272.

SILVA, G. M. de O e - TARALLO, F. - BRAGA, M. L. 1996. Preenchimento discursivo em fronteiras sintáticas. Em A. T. de Castilho e M. Basílio (Orgs. 1996), pp. 193-218.

TANNEN, D. 1989. *Talking Voices: repetition, dialogue and imagery in conversational discourse*. Cambridge, CUP.

TARALLO, F. 1983. *Relativization Strategies in Portuguese*. Philadelphia, University of Pennsylvania, PHD Thesis, mimeo.

_____1986. Sobre a alegada origem crioula do Português Brasileiro. Em I. Roberts e M. Kato (Orgs. 1993), pp. 35-68.

_____ Org. 1989. *Fotografias Sociolinguísticas*. Campinas, Pontes.

_____, KATO, M. et alii 1989. Rupturas na ordem de adjacência canônica no português falado, em A. T. de Castilho (Org. 1990), pp. 29-62.

_____, KATO, M. et alii 1990. Preenchedores em fronteiras de constituintes, em R. Ilari (Org. 1992), pp. 315-356.

_____ 1993. Preenchimentos em fronteira de constituintes II: uma questão de variação interna, externa, ou um caso de variação individual? Em A. T. de Castilho (Org. 1993), pp. 273-314.

TRAVAGLIA, L. C. 1989. Considerações sobre a repetição na língua oral e na conversação, *Letras & Letras* 5 (1-2): 5-61.

_____ 1996. *Gramática e Interação*. São Paulo, Cortez Editora.

URBANO, H. 1987. O Corte de palavras na língua falada: um estudo exploratório, *Estudos Linguísticos* [Anais do GEL] 14: 459-471.

_____, FAVERO, L. O., ANDRADE, M. L. C. V. O. e AQUINO, Z. G. O. 1993. Perguntas e respostas na conversação, em A. T. de Castilho (Org. 1993), pp. 75-98.

_____ 1993. Marcadores conversacionais, em D. Preti et alii (Orgs. 1993), pp. 81-102.

VERCEZE, R. M. N. 1998. *Língua Falada, Língua Escrita e Ensino do Português*. São Paulo, Universidade de São Paulo, Diss. de Mestrado.

VOGT, C. A. 1977. *O Intervalo Semântico*. São Paulo, Ática.

O Autor

Ataliba T. de Castilho nasceu em 1937, em Araçatuba, São Paulo. Licenciou-se em Letras Clássicas pela Universidade de São Paulo, onde também se doutorou, em 1966, com a tese "Introdução ao Estudo do Aspecto Verbal da Língua Portuguesa", publicada em 1968. A livre-docência veio em 1993, pela Faculdade de Filosofia, Letras e Ciências Humanas da USP, com o trabalho "A Predicação Adverbial no Português Falado".

Tem realizado pesquisas sobre o português culto falado no Brasil, sendo autor de vários livros e dezenas de artigos publicados em revistas científicas. Foi professor visitante da Universidade do Texas em Austin, e pesquisador de pós-doutorado nas universidades Cornell e Novo México, nos Estados Unidos, Aix-Marseille, na França, e Padova, na Itália.

Dirigiu projetos como o NURC em São Paulo e o de Gramática do Português Falado. Fundou o Grupo de Estudos Linguísticos do Estado de São Paulo, do qual foi o primeiro presidente, e participou da comissão que criou a Associação Brasileira de Linguística, que presidiu de 1983 a 1985 Criou o Sistema de Bibliotecas e o Sistema de Arquivos da Unicamp.

Foi professor titular da Unicamp e, atualmente, é professor titular da USP.